Ferdinand Schmidt

Okkulte Magie

Sarastro Verlag

Ferdinand Schmidt

Okkulte Magie

1. Auflage 2012 | ISBN: 978-3-86471-118-3

Erscheinungsort: Paderborn, Deutschland

Sarastro GmbH, Paderborn. Alle Rechte beim Verlag.

Nachdruck des Originals von 1908.

Ferdinand Schmidt

Okkulte Magie

Sarastro Verlag

Ferdinand Schmidt

Okkulte Magie

1. Auflage 2012 | ISBN: 978-3-86471-118-3

Erscheinungsort: Paderborn, Deutschland

Sarastro GmbH, Paderborn. Alle Rechte beim Verlag.

Nachdruck des Originals von 1908.

Okkulte Magie.

Ein Brevier für Jünger okkultistischer Weltanschauung.

Mit einer Übersichtstafel über die Astralwelt.

Von

Ferdinand Schmidt.

Leipzig
Verlag von Max Altmann
1908

Vorwort.

Wer möchte heute nicht etwas Besonderes zu leisten vermögen? Wer sehnt sich nicht nach Aufklärung in Dingen, die häufig, ja tagtäglich, nahe an uns herantreten?

Ist man nicht darnach beschaffen, alles gleichgültig über sich ergehen zu lassen, weil es so vorgeschrieben erscheint, und das ganze Leben in mißlichen Lagen gleich als ein Trauerspiel zu betrachten, so wird man unter allen Umständen und in allen Fällen seine Augen öffnen müssen, um als Feldherr seine Lage nach jeder Richtung hin beherrschen zu können.

Schon das Bewußtsein, Recht und Gerechtigkeit zu wahren und auszuüben, sich mittelst einer gewissen Unparteilichkeit über eingebürgerte Parteien, Weltanschauungen und selbst geistliche Richtungen zu erheben, führt uns dann ganz von selbst theosophischen wie okkultistischen Studien zu.

Haben wir diese hehren Richtungen erst soweit erfaßt, um sie mit eigenem Verstande beurteilen zu können, dann verlangt unser Geist nach mehr, nach weiterer Erleuchtung und nach Anschluß an höhere Ebenen, die uns Menschen eine erhabene Gottheit keineswegs vorzuenthalten sucht, sondern es unserem eigenen Willen anheimstellt, daß, wer nur suchen will, auch schon hier Freude, Herrlichkeit und seinen Himmel zu finden vermag.

Wer sich für eine höhere Weltanschauung interessiert und bereits die Überzeugung in sich selbst reifen ließ, daß wir nicht nur ein kurzes Erdendasein in der Anordnung der Natur zu absolvieren haben, sondern viele, unzählig viele zur Höherentwicklung, und daß wohl unser Eigenwille den Ausschlag im Lebenshandel und =Wandel gibt, wir aber trotzdem — ganz nach Veranlagung — von Bewohnern der sog. Astral= wie Devachan=Welt beeinflußt zu werden vermögen, so wird es dem Leser einleuchten, daß es vorteilhafter ist, sich so beeinfluffen zu laffen, wie man es wünfcht, erhofft und erfehnt. Derartige Ziele will diefe Schrift erreichen helfen und damit all den Vielen dienen, die nicht in der alltäglichen Weife weiterleben wollen und eingefehen haben, daß endlich einmal der Anfang zu einer Höherentwicklung des eigenen Ichs gemacht werden muß.

Hingewiefen fei hier noch auf zahlreiche Bücher, die unter den verlockendften Titeln auftauchen und die Erwerbung höherer Kräfte verfprechen, z. B. „Das 6. und 7. Buch Mofes", „Das fiebenmal verfiegelte Buch", „Der fchwarze Rabe" und andere, die man aber enttäufcht bald beifeite legt.

Die okkulte Magie will ftudiert fein und läßt fich nicht nur fo aus dem Ärmel fchütteln. Wer daher diefes Buch unvorein= genommen in die Hand nimmt, muß ernftlich an feiner Weiter= entwicklung arbeiten und die fehlenden Erfahrungen fammeln, um das Gelefene dann im eigenen Intereffe anwenden zu können.

Wenn ein Kutfcher feine Pferde nicht zu lenken weiß, fo gehen diefe mit dem Wagen durch; hält er fie aber feft im Zügel, um fo fchneller kommt er vorwärts. Ebenfo verhält es fich mit unferen Leidenfchaften; ziehen diefe uns in den Schlamm und Staub der Erde, fo unterliegen wir; wiffen wir fie aber zu bemeiftern, fo haben wir damit ein Zaubermittel erworben, mit dem wir das Schwierigfte zuftande bringen können.

Der Verfaffer.

Inhaltsverzeichnis.

Seite

Vorwort V

I. Alltägliches. — Geldsorgen. — Zeitungsannoncen. — Mystische Gesellschaften. — Ueber das Erwachen der Seele. — Astrales Schauen. — Wege zur höheren Magie 1

II. Wirkungsebenen. — Kamaloka. — Astralbewußtsein im physischen Körperkleide. — Aggregatzustände. — Mitgebrachte und neue Lebensanschauungen. — Die sieben Körper jedes Menschen . . 8

III. Geschöpfe aller Art. — Adepten. — Die Behikel des Ichs. — Schatten und Larven der Menschen auf der Astralebene. — Besessensein. — Elementarwesen. — Indische Gaulerkunst. — Naturgeister. — Devas. — Devarâjas 19

IV. Hilfe in der Not. — Eingebildete Hypnotiseure und wirkliche Magier. — Entstehung sogenannter Dorf- und Familiengötter. — Moderne Greuel. — Wahrheit an sich. — Gottgeweihte Weltanschauungen. — Die Gegenwart als Schule zur Klärung unseres Verstandes. — Voraussichtlicher Weltenuntergang (große Erdumwälzung). — Sturm und Drangperioden des Einzelnen. — Menschendualismus . . . 29

V. Zeitungsantagonismus. — Moderne Magie. — Schwingungen. — Sinnesschärfe. — Spiritismus u. Hypnotismus. — Technosophisches 39

VI. Mutlosigkeit und Ueberhebung. — Fanatismus 47
    a. Hypnotismus 51
    b. Astrologie 54
    c. Chiromantie 60
    d. Phrenologie 66
    e. Graphologie . . . . , . . 67

VII. Grenzen des eigenen Wirkungskreises. — Wie Gelesenes verstanden wird. — Magische Hilfsmittel und Gebräuche. — Einbildungskraft. — Gedankenkonzentration. — Suchen und Finden. — Levitation. — Anrufungen. — Niedere Magie. — Betätigung innerhalb karmischer Grenzen. — Spielen im Glück. — Gesundheitliches. — Zaubersprüche 69

Karte: Die astrale Welt.

I.

Nicht ganz mit Unrecht wird heute mit einem gewissen Miß-
trauen oder gar Mißgunst auf die Berufe und ihre Vertreter
geblickt, die zur Ausübung ihrer Tätigkeit ein wissenschaftliches
Studium benötigen. Das Volk, wenn darunter nur die große
Masse verstanden wird, will von den „Studierten" nicht viel wissen.
Zwar sieht es mit einer Art instinktiver Hochachtung zu ihrem
größeren Wissen auf, aber es schilt doch vielfach auf die „Herren
vom grünen Tisch", die „Bücherwürmer", die vom praktischen Leben
nicht viel verstehen. Und gar nicht selten geben die Vertreter
studierter Berufe begründeten Anlaß zu einer derartigen Kritik und
wecken nicht nur die Abneigung, sondern auch die Spottlust weiter
Kreise durch die törichte Selbstüberhebung, mit der sie sich zuweilen
von dem Verkehre mit dem „Volke" abschließen und sich besser
dünken als alle die anderen.

Das ist eine bedauerliche Tatsache, denn das Wissen wird
nicht bloß um seiner selbst willen gelehrt und einverleibt, sondern
um sich damit im Erwerbsleben zum Wohle aller Menschen
praktisch zu betätigen. Unverkennbar wirkt der Eine aber mehr, als
er zu leisten vermag, während der Zweite erlahmt und den Mut
im Konkurrenzkampfe verliert; der Dritte sattelt um und versucht
es mit diesem oder jenem Erwerb und so fort. Ob nun studiert
oder nicht studiert, bei beiden Klassen gibt es genug, die auf ebener
Lebensbahn dahinschreiten oder infolge ihres Karmas einen rauhen
Lebensweg vorgezeichnet finden. Mittels eigenen Wunsches und
Willens gestaltet sich jeder Mensch das eigene Leben um, wonach es

entweder glatter oder bedeutend unebener zu werden vermag.
Meistenteils handelt jeder egoistisch und denkt nur an sich selbst,
schlimmsten Falles eben noch an die lieben Nächsten und an gute
Freunde, aber Glauben, Zutrauen, Wohlwollen und ein reines Herz
gehen vielfach dabei verloren. „Liebe deinen Nächsten wie dich
selbst", das pflegt man nur noch innerhalb der Kirche zu hören,
außerhalb ihrer Mauern tritt uns der Kampf ums Dasein jetzt
schärfer denn je entgegen, und das fortan Gewollte und das Trachten
zum Besserwerden verliert sich gar schnell.

Bessere Zeiten wünscht sich jeder, und jeder ist selbst der
Mann, sich diese zu verschaffen. Der Energielose mag sich treten lassen,
und arme, rechtschaffene Leute müssen ihren Unterhalt erwerben, wie
es eben gehen will. Wer aber die Kraft und den Mut in sich
fühlt, muß wollen, um in Zeiten geistigen Elends vorwärts zu
kommen, indem er sein eigenes Leben moralisch, intellektuell und
spirituell schult, sowie obendrein jegliche Furcht aus seinem Innern
ausschaltet.

Es ist dieses ein hartes Lebensstudium, eine Schule, die wir
alle durchzumachen gezwungen sind und in der wir mehr lernen,
als wir es in der besten Hochschule je vermöchten. Wer arm und
arbeitslos ist, wird Beschäftigung suchen, und die nächste muß dann
die beste sein.

Die meisten aller Menschen leben in pekuniären Sorgen,
haben also ein Karma, was als eine Folge ihres selbstsüchtigen
Tuns und Treibens im Vorleben anzusehen ist. Wer das faßt und
begreift, wird bewußt andere Wege gehen, und wer die Deutung
mit dem Karma*) nicht versteht, aber Recht und Gerechtigkeit achtet
und demgemäß leben will, der wird unbewußt aufwärts führende
Wege wandeln. In dieser Verfassung sucht jedermann ganz selbst=
verständlich einen einträglicheren Erwerb, und das ist gewiß keinem
Menschen zu verdenken. In erster Linie kommt hierfür die Zeitung
in Betracht, denn sie bietet im Annoncenteil Gelderwerb und Geld=
verdienst in Hülle und Fülle. Man kann dort Kapitalien geliehen
bekommen oder Millionen gewinnen, und magische Geheimnisse sind
für Spottpreise „Schwarz auf Weiß" zu erhalten. Wer so etwas
liest, denkt unwillkürlich: „Allantright, warum es nicht versuchen?"

---

*) Siehe „Theosophische und okkultistische Studien" von Ferd. Schmidt.

Mit Geld und magischen Kräften ist auf der Welt alles zu erreichen, aber diese Mittel lassen sich nicht so ohne weiteres und für ein paar Pfennige erwerben. Sobald man auf jene Annoncen eingeht, kommt auch sehr bald die bislang unsichtbare oder ver= schwiegene Kehrseite zum Vorschein.

Um in einer Lotterie zu gewinnen, dazu gehört Geld und Glück, beides bekannte und reale Dinge, um aber durch schwarze Magie Lotteriegewinne zu erzielen, dazu gehören immer zweie, ferner auch eingehendste Kenntnisse der Willenskraft, astrale Hilfs= mittel und eine gewisse allgemeine Hilfsbereitschaft.

Ferner gibt es eine Unmenge Bücher, die mit ihren ver= lockenden Titeln in Wirklichkeit nur Humbug bieten. Der nach= denkende Leser fühlt sich damit hintergangen und wirft diese Lektüre in den Papierkorb. Hierbei wird dann meistens der Fehler be= gangen, daß die Leser solcher Schriften auch gleich alle anderen Bücher verwerfen, welche aber in Wirklichkeit mystische Geheimnisse derart offenbaren, daß man darin die Wege angedeutet findet, um bei allen Wundern der Geheimwissenschaft den Kopf nicht zu ver= lieren, falls wir irgend etwas Übermenschliches dadurch erreicht haben sollten. Wie unendlich Viele geben sich z. B. mit dem Spiritismus und dem Hypnotismus ab und bleiben bei diesen Ge= bieten wie festgebannt stehen! Beides sind Tatsachen, und beides ist mit der Astralebene eng verknüpft, aber daß sie, die Anhänger dieser Spezialrichtungen, nur zu oft von den Bewohnern der Astral= welt zum besten gehabt werden, das sehen diese Menschen nicht ein. In ihrer Blindheit versuchen sie dann noch, selbst erfahrenen Okkultisten gegenüber ihre eigene Ansicht als die einzig richtige hinzustellen.

Ebenso treten sogenannte „mystische Gesellschaften" immer mehr an die Öffentlichkeit, um von solchen Leuten Gelder zu ziehen, welche in selbstsüchtiger Erwartung um Aufnahme baten und glaubten, hier ohne das eigene geistige Wachstum und ohne die Entfaltung der göttlichen Kräfte im eigenen Innern, durch irgend einen Hokuspokus in das Reich der Übernatürlichkeit befördert zu werden.

Erfahrungen werden teuer erkauft, und das Leichterworbene findet wenig Beachtung. Diese Wahrheit kann man täglich sehen, aber nur der, welcher weiß, was er sieht, vermag sich schneller zu erheben als seine Nebenmenschen, ohne deshalb oder dadurch egoistischer Gelüste bezichtigt werden zu können.

Läßt man eine fremde Persönlichkeit ganz auf sich wirken, natürlich ohne den eigenen Willen dabei zu verlieren, so lernen wir sie schneller und besser kennen als vielleicht seine ganze übrige Um= gebung. Unterstützen kann man seine Kenntnisse dann noch durch Beurteilung der Handschrift, der Gesichtszüge usw. jener Person. Hat man dann seine Sinne derart geschärft, daß man Menschen, Tiere und Gegenstände sozusagen mit „astralem Schauen" betrachten kann, so läßt man sich so leicht kein X für ein U machen, worüber sich unsere Nebenmenschen dann aber ungemein wundern. Das schadet nichts, nur wir dürfen uns deshalb nicht aufregen. Die hypothetischen Moleküle und Atome der Wissenschaft sind für den okkulten Forscher ebenfalls sichtbare und wirkliche Dinge, und er erkennt bald, daß sie viel komplizierterer Natur sind, als die Wissenschaftler bisher entdeckt zu haben glauben. Immerhin ist dieses astrale Schauen im physischen Körper ungemein erschwert, was durch Schärfung der bekannten fünf Sinne erreicht werden kann, aber Lust und Liebe zum Lernen lockt Kräfte aus den Sternen!

Wer sich aus dem Schmutz und der Alltäglichkeit des ge= wöhnlichen Lebens erheben will, vermag auch vermittelst seiner Religion ein Erwachen seiner Seele zu bewirken. So wie es ein Erwachen für den Körper nach physischem Schlafe gibt, existiert auch ein weit schöneres Erwachen der Seele aus vielleicht langem geistigen Schlafe, indem man sich mit Gottes Hilfe ernstlich bemüht, die Wege der Sünde zu verlassen, um fortan besser zu werden und Gottes Willen zu tun. Jede Religion vermag die Wege zu ebnen, um ihre Gläubigen zu einer besonderen Heiligkeit gelangen zu lassen, aber es gibt darunter viele nur dem Namen nach Gläubige, die sich in ihren engen Grenzen nicht glücklich fühlen, sondern weiter streben, denken, lernen und sich mit ernstlichem Willen auch erheben.

Gelangen sie in theosophische Bahnen, so werden sie früher oder später eine ganz neue Weltanschauung bekommen. Der erste und eingreifendste Schritt ist ein Erheben in die Astralsphäre und dann ein Beobachten der physischen Materie, wobei man das Bild der winzigsten Partikelchen sogleich mit erblickt, und zwar von allen Seiten zugleich. Hierauf wird man auf ganz Verborgenes auf= merksam und sieht Neues, Schönes, Merkwürdiges und mehr als mit physischem Auge. Die ersten Übungen hierzu sind, sich selbst ganz und gar geistig zu erblicken, mit all seinen Anlagen, Fähigkeiten und auch Fehlern.

In dieser Verfassung lernt man schnell sich von der unzu= länglichen Anschauungsweise aller materiell veranlagten Menschen überzeugen, und versucht man, seinen Bekanntenkreis in dieser Beziehung aufzuklären, so wird jeder Okkultist bald die Erfahrung machen, daß er gar nicht verstanden wird, daß man ihn eventuell sogar für „nicht ganz richtig“ hält. Ein biederer Zeitungsschwadroneur erörterte solche Themata, als ihm einmal ein wirklich gutes Buch über dieses Astralleben in die Redaktionsfinger geraten war, in nachstehender Weise: „. . . . . So darf man wohl annehmen, daß es sich hierbei um die freie Erfindung irgend eines Aufklärers handelt, der seinen allzu gewagten Hypothesen ein mystisches Mäntelchen umhängen zu müssen glaubte, um Anklang zu finden . . . .“

Natürlich fallen derartige weise Ergüsse eines kleinen Blättchens gar nicht ins Gewicht, aber es soll hier damit nur angedeutet werden, daß Mystisches nur ganz selten verstanden wird, wenn aber dann um so mehr gleich auf fruchtbarsten Boden fällt.

Wer Studien der höheren Magie zu eigenem Nutz und Frommen betreibt, erlangt ebensogut gewisse psychische Kräfte, als ob er sie im Interesse anderer Menschen zu erwerben und auszu= üben sucht. Im ersteren Falle ist es allerdings sehr leicht möglich, daß mit diesen Kräften nur Mißbrauch, also schwarze Magie getrieben wird, wobei — unter Umständen — gewisse pharmazeutische Mittel angewendet oder Elementarwesen angerufen oder Hatha=Yoga= Übungen benötigt werden. Hierher gehören auch die Künste der indischen Fakire usw. Ein solcher Entwickelungsweg wird im fernen Osten auch die „Laukika“=Methode genannt. Die andere Methode, „Lokottara“ genannt, ist dagegen der spirituelle Fortschritt (Raj=Yoga), wobei man aber keineswegs an den im Westen (Europa und Amerika) bekannten Spiritismus denken darf. Lokottara ist der mühsamere, aber auch der empfehlenswertere Weg. Stehen uns unsichtbare Helfer zur Seite, so ist es ausgeschlossen, daß man in dem verhängnisvollen Netzwerk des Spiritismus oder des Hypnotismus hängen bleibt, oder daß man in Versuchung gerät, die für unsere Individualität erworbenen Kräfte zu mißbrauchen.

Es soll der Zweck dieses Buches sein, jedem wahren Jünger okkultistischer Wissenschaft, wenn auch nur einen kleinen Schritt, vorwärts zu verhelfen auf dem großen Wege aufwärts, gleichviel welcher Religion, Anschauung oder Geistes er sei. Gottes Wege sind nicht unsere Wege, aber unser Weg ist uns vorgezeichnet worden, und weigern wir uns, den von irgend einer Kirche vorgeschriebenen Weg zu wandeln, so mögen sich die in ihrem blinden Eifer darüber aufregen, die unser Tun und Handeln, unser Denken und Wandeln für falsch und gottlos halten. Unser Weg führt von Gott — zu Gott! Und das ist ein weiter Weg, den kein menschliches Wesen in einem einzigen kurzen Dasein auf der kleinen Erdoberfläche zu machen imstande ist; wer aber glaubt, wenn bei ihm Matthäi am letzten, mittelst kirchlichen Wuppdich nur so in den Himmel hineinexpediert werden zu können, dem ist schwer zu helfen, der ist schwer zu überzeugen, und solcher Erdenpilger muß dann im Rahmen der eingetrichterten Lebensanschauung — aufgebraucht werden.

Der Mensch ist das höchst entwickelte Geschöpf auf dem Planeten „Erde"; es gibt aber auch noch andere Geschöpfe, über die der Mensch sich Herr zu sein dünkt; die Auswüchse vermag jeder Mensch mit reinem Herzen in der Jagd, Vivisektion und Religion zu erblicken. Außer diesen angedeuteten Geschöpfen gibt es ferner noch welche, die wir nur ahnen und deren Zweck wir noch gar nicht kennen.

Unser Weg führt durch Leben und Tod, über Berge und durch Täler und nicht nur — einmal, — sondern viele, viele Male, und alle unsere jeweiligen Existenzen auf diesem Planeten ergeben bei höherem Schauen eine stattliche Kette. Das erworbene Gute in uns bewirkt bei reichlichem Wollen, daß wir die Führerschaft eines Helfers aus höherer Ebene erkennen, fühlen und bewußt werden und damit den Weg betreten dürfen, der zur Adeptschaft führt, ja selbst über diese hinaus zu so hohen Gebieten der Weisheit und der Kraft, daß allgemein menschlich beschränkter Verstand sich deren Gestaltung kaum auszudenken vermag.

Wenn jemand etwas Gutes gewollt und sich Mühe gegeben hat, es zu erreichen, so ist es keine Seltenheit, daß Haß, Neid und Verwünschung der Lohn guter Taten und guten Willens sind. Natürliche Empörung und Aufregung über solche Gemeinheit kann man als ein Mensch dem Menschen nicht verdenken, aber der Höher= entwickelte wird sich über solche Kleinigkeiten und solche menschlichen Ausbrüche einer kleinen erbärmlichen Seele gar nicht weiter aufregen, er ist imstande, derartige vergiftete Pfeile auf ihre Aussender zurückzudirigieren; und ist das nicht eine Genugtuung, welche uns eine höhere Magie bietet?

Schon dieser Umstand allein macht das Lernen interessant, aber solange wir noch nicht Meister in der Magie sind, solange müssen wir uns zu beherrschen wissen, nachher versteht es sich von selber; wir müssen zuversichtlich ans Werk gehen, jeden Eigendünkel begraben und die Sorgen und das Elend, das Böse und unsere Begierden fest ins Auge fassen und uns von dem führenden Teufel, dem Geiste dieser Schar, nicht überwinden lassen.

Daß das Leben ein Kampf ist, mag auch dieser Weg bezeugen, aber wir wollen uns stärken und kräftigen und in der Hauptsache in unserem Innern, um nicht zum Hohngelächter einer erbärmlichen Sippe zu unterliegen.

Odysseus durchquerte die Unterwelt, weil er es wollte, aller= dings in der Hoffnung, sein Glück dann zu finden; Schwierigkeiten verdunkelten den Ausblick, und er entschloß sich zum Selbstmord, aber Eros (Odysseus' unsichtbarer Helfer) griff — in physischer Gestalt natürlich — ein und führte ihn zum Sieg.

Der leidenschaftliche Kulturmensch neigt heute vielfach zum Selbstmord, denn sinnliches Behagen mit der Befriedigung höherer Bestrebungen sind schwer miteinander zu verschmelzen; der Bessere und Edlere wird gegebenen Falles von seinen unsichtbaren Helfern beschützt, während der Schlechte und Unedle leicht seinen Halt verliert und im Glauben sich erschießt oder ertrinkt, mit dem Tode sei alles vorbei!

Hierüber bitte ich ernsthaft nachdenken zu wollen und, sollte es ohne Resultat verbleiben, das bisher Vorgetragene nochmals zu wiederholen, denn auch in Punkto des Verstandenwerdens ist das durchfliegende Lesen eines Buches ohne Wert.

Des weisen Mannes Ebenbild
Ist Wasser, das dem Fels entquillt.
Wie klaren Elementes Welle,
Ist seine Seele rein und helle,
Und wie das Wasser schmiegsam paßt
In jede Schale, die es faßt,
Wird sich des Weisen kluges Walten
Nach jeder Lebensform gestalten.

Chinesisch. Nach Ad. Ellissen.

II.

Im praktischen Okkultismus lernen wir vor allen Dingen höhere Ebenen kennen und dadurch betreten, denn für den Menschen ist die physische Ebene, in der er lebt, die niedrigste. Die nächst höher belegene Astralebene betritt der Mensch in der Regel erst nach Eintritt seines Todes hier auf Erden und nach Durchquerung dieser astralen Welt, die Devachan=Ebene. Es gibt dann noch vier wiederum höher belegene Ebenen, die der Mensch aber erst nach Abstreifung der irdischen Schlacken, Begierden, Schlechtigkeiten usw. nach und nach zu betreten imstande ist. Von Devachan aus kehrt er ge= wöhnlich wieder zurück in die physische Welt, um im physischen Körperkleide die Schule des Lebens weiter durchzumachen und wird diesen Kreislauf so oft mitzumachen gezwungen sein, bis er selber reif für höhere Ebenen geworden sein wird. Höher entwickelte Seelen können somit auch die Astral= oder die Devachan=Ebene als niedrigste Ebene oder als Basis zur weiteren Aufwärtsentwickelung haben. Diese Ebenen liegen keineswegs örtlich übereinander, sondern untereinander, und ihre Bewohner leben und weben geradeso zwischen uns Menschen, als wir uns in Rangstufen einzuteilen pflegen, und daß wir mit physischem Auge die Bewohner höherer Ebenen nicht wahrzunehmen imstande sind.*)

---

*) Vergl. „Theos.= und okkultistische Studien" von Ferd. Schmidt (Fickers Verlag, Leipzig).

Es ist auch nicht ausgeschlossen, daß ein total verdorbener, tierischer Mensch mit seinem Tode nur die nächst höhere Astral=
ebene betritt und von hier aus zur Tierwelt herabsinkt, also, wie die Indier lehren, als Tier zur Welt kommen kann. Diese Behauptung erregt bei allen Materialisten nur zu oft ein überlegenes Lächeln, aber es ist auch wiederum bekannt, daß die Dummheit über das=
jenige zu lachen pflegt, was sie nicht versteht.

Jede Ebene zerfällt in 3 große Abteilungen und in 7 Unter=
stufen.

Wir befinden uns mittelst unseres grobmateriellen Körpers in der physischen Ebene und leben hier in einem Abteil, der entweder die geistige, die psychische oder die materielle Zone sein kann; die sieben Unterabteilungen innerhalb der drei Zonen dieser physischen Ebene heißen:

der feste
der flüssige
der gasförmige
der IV. ⎫
der III. ⎪ ätherische ⎬ Zustand.
der II. ⎪
der I. ⎭

Die ersten drei sind uns sichtbar und bekannt, aber die ätherischen sind schon unsichtbar und allen materiellen Menschen unbekannt. Unser physisches Körperkleid besteht also aus den drei ersten Materien oder dem sichtbaren Körper und aus den vier ätherischen Materien oder dem ätherischen und unsichtbaren Doppelkörper.

Wir haben hier aber besonders mit der nächst höheren Ebene, der Astralwelt oder Kamaloka, zu tun, welche uns Menschen nach unserem Körpertode alle zunächst aufnimmt.

Dieses Kamaloka entspricht auch der „Hölle" christlicher Religionen. Dann Devachan, der sogenannte „christliche Himmel", oder auch Sukhâvati Devachan ist die 3. der 5 großen Ebenen, in welchen sich die Menschheit gegenwärtig bewegt, aber wie bereits gesagt, kommen die physische, die Astral= und die Devachan=Ebenen

---

*) Vergl. „Theosophische und okkultistische Studien" von Ferd. Schmidt. (Fickers Verlag, Leipzig).

für die meisten Menschen nur in Betracht, denn es sind nicht viele, die die Buddhi= und die Nirwana=Ebene erreichen. Die 6. und 7. Ebene sind für menschliche Wesen im allgemeinen noch unerreichbar. Sobald wir uns aber in der Buddhi= oder der Nirwana=Ebene bewegen dürfen, sobald werden uns auch — je nachdem — nächst höhere Ebenen offen stehen.

Nach Abwerfung unseres physischen Körperkleides nimmt uns also die Astralwelt zunächst auf, worin wir entweder gar nicht zum Bewußtsein kommen und erst in Devachan aufwachen, oder wir setzen unser bisher gewohntes Dasein in gleicher Weise fort und leben und weben im engbegrenzten Verstandeskreise astral weiter, bis eine Hülle nach der andern abgestreift ist und wir damit allmählich zur Aufnahme in Devachan reif geworden sein werden.

Wer den überklugen Verstand mancher materialistischer Macht= menschen still belächeln und diesen recht oft ein Schnippchen schlagen will, der muß dieses alles wissen und kennen und die Mittel der Astralwelt zu gebrauchen gelernt haben.

Auf der beifolgenden Karte habe ich die Astralebene, diese ungemein interessante und für physische Augen unsichtbare Welt, übersichtlich dargestellt und soweit wie angängig nochmals zusammen= gestellt beschrieben.

Sobald unser physisches Bewußtsein das astrale durchläßt, sofort werden wir imstande sein, unsere fünf Sinne weiter aus= zubilden und die auf der Astralebene erworbenen Kenntnisse auf die physische zu übertragen. Aber was ich da in eins erfasse und in mir aufnehme, wie viele Worte gebrauche ich hier, um das alles nur ziemlich zu erklären! Der Gedanke an die Karte begreift ungefähr das Jneinserfassen dieser Astralwelt.

Die materielle Welt hat hierfür aber nur wenig Verständnis, aber das schadet uns nicht viel; wir wissen, was wir wissen, und Kenntnisse sind Kapitalien. Viele Geistliche betrachten unser Wissen gleichfalls mit scheelen Augen oder danken Gott dafür, daß sie nicht so sind wie wir. C. W. Leadbeater erzählt in seinem Buche („Unsere unsichtbaren Helfer" *) über den Eingriff zweier hoher Wesen in das Leben eines Kindes, welches über eine Klippe auf Felsen gestürzt war und sich schwer verletzt hatte. Der Junge und seine Mutter waren über=

---

*) Verlag von Max Altmann, Leipzig.

zeugt, daß Engel die tatsächliche Hilfe gespendet hätten, und erzählten den Fall weit und breit, so daß seit dieser Zeit in jenem Dorfe die Religion — als in Betracht kommend — zu neuem Leben erwacht ist.

Nun kommt der Pfarrer und sagt den Leuten, daß ein so merkwürdiges Eingreifen der göttlichen Vorsehung von ihnen als ein Fingerzeig aufgefaßt werden müsse, daß sie die Spötter zurück= weisen und die Wahrheiten der heiligen Schrift und der christlichen Religion hochhalten sollen. „Und", faßt nun Leadbeater zusammen, „es scheint, daß dabei niemand die kolossale Einbildung bemerkt hat, die in dieser ganz erstaunlichen Annahme enthalten ist."

Ferner möchte ich hier außerdem Kerners „Seherin von Prevorst" erwähnen, welche mystische Kreise, Zeichen und Tatsachen der Astralebene auf der physischen Ebene reproduzierte. Da nun niemand diese Kreise, Zeichen usw. verständlich zu deuten wußte, die betreffende die Bedeutung derselben kaum selber zu erklären vermochte, so sind sie dieser Unvollständigkeit halber liegen geblieben und harren noch ihrer Offenbarung.

Daß wir von dieser höheren Welt oftmals zu neuen Taten inspiriert werden, kann man getrost annehmen, und daß mancher Mensch aus ihr weit mehr zu lernen vermag, als dieses selbst bei Absolvierung sämtlicher höheren Schulen möglich ist, weiß jeder Okkultist ebenfalls. Hiermit ist wiederum nicht gesagt, daß die Astralwelt gerade etwas sehr Begehrenswertes sein müßte, sie ist für den Okkultisten quasi ein notwendiges Übel, wie vielleicht bei Menschen das Essen und Trinken. Ein Kenner dieser Ebene wird demnach sein Astralleben ganz anders gestalten, als wie der gewöhn= liche Lauf durch die sieben Aggregatzustände (siehe Karte) zu sein pflegt.

Wird ein gewöhnlicher Sterblicher in einen dieser sieben Zu= stände versetzt, so erblickt er lange Zeit hindurch nichts weiter als diesen einen Bereich, dahingegen wird jeder Schüler der Theosophie diese Zustände bald alle durchschauen und während seines Weilens und Durcheilens hier von keiner Unterebene mit ihren Elementar= formen besonders angezogen und festgehalten werden. Hierbei vergegenwärtige man sich starke Begierden im physischen Leben, wer diesen (jeder Art!) widerstehen kann, ist reif zu einer schnelleren Höherentwicklung; derartige Begierden wirken auf der Astralebene um so stärker auf uns ein und bewirken ein Festhalten dort eventuell auf lange Zeit.

Im physischen Leben vermögen wir uns in Gedanken meinet= halben einmal nach Funchal auf Madeira zu versetzen, im Astral= leben versetzt uns ein derartiger Gedanke sofort in natura dorthin! Etwaige Wünsche werden auf der Astralebene sofort Wirklichkeit, aus welchem Grunde neuankommende Seelen auch ganz verwirrt sein müssen, wenn sie — allerdings durch Aggregatzustände beschränkt — von physischen Fesseln befreit hier aufwachen und sozusagen sich wieder finden.

Es ist hierbei manches in Betracht zu ziehen, beispielsweise alle Unwahrheiten, die als Wahrheiten aus der physischen Welt in die Astralwelt mit hinübergenommen worden sind; ferner die Un= glaubwürdigkeit und Unhaltbarkeit kirchlicher Dogmen, z. B. das Götzenbild der Dreieinigkeit, die Anwesenheit des Fleisches und Blutes im Abendmahl, die Auferstehung des Fleisches und die mosaische Schöpfungslehre, zu welchem Glauben die Kinder am Konfirmationstage noch feierlich verpflichtet werden. Ebenfalls ist die schreckliche Lehre einer ewigen Bestrafung ihrerseits dafür ver= antwortlich, daß eine Menge Ankömmlinge in der Astralwelt eine gänzlich grundlose Furcht mitbringen, bis sie endlich soweit gekommen sind und erfahren haben, daß dieser eingeimpfte Glaube eine ganz abscheuliche und gotteslästerliche Lehre war, und daß die Welt keineswegs nach der Laune eines Dämons regiert wird, der mitleidlos auf die Seelenangst der Menschen blickt.

In der heutigen Verfassung, wie sie von Menschen ineinander verschoben ist, wird gewöhnlich derjenige, welcher sich geistig entwickelt hat, von seinen Nebenmenschen gar zu gern für verrückt erklärt, und wer die verschrobenen Weltansichten sieht, die von Ankommenden auf der Astralebene noch vertreten werden, der müßte alle Menschen für verrückt halten.

Ein Jünger theosophischer und okkultistischer Weltanschauung wird das alles wohl erwägen müssen, um im Strome der mensch= lichen Wesen nicht unterzugehen, sondern vielmehr über Wasser zu bleiben und seine geistige Richtung beizubehalten. Er lernt hierbei auch, daß es in gewisser Hinsicht ein großes Unrecht ist, durch Medien oder dergl. Verstorbenen Gelegenheit zu geben, sich irgend=

wie zu materialisieren und sich irdisch zu betätigen. Eingefleischte
Spiritisten wollen z. B. nicht wissen, daß ihre „Geister" nur An=
gehörige der niedrigsten Stufen der Astralebene sind, welche sich
noch nicht von ihrem Begierdenleibe (Kama rupa) haben befreien
können und aus diesem Grunde geeignete irdische Wesen aufsuchen,
um ihren Gelüsten genüge zu tun. Ferner halten Einflüsse Ange=
höriger eines Verstorbenen diesen letzteren auf seinem Wege zur
Weiterentwickelung nur auf, wie vielleicht durch heftigen Gram,
Totengedenktage, Totenbeschwörungen 2c.

Keineswegs ist hiermit aber gesagt, daß man darum Tote
gänzlich vergessen müßte, im Gegenteil, man darf sich ihrer liebevoll
erinnern und ihnen einige Wünsche nachsenden, daß es ihnen gelinge,
das Zwischenreich (die Astralwelt) in Frieden zu durchziehen, um
Devachan zu erreichen, in welcher Beziehung die Shrâddha=
Zeremonien der Hindus und die Gebete für die Abgeschiedenen in
christlichen Kirchen von Wert sind. Hat jedoch ein Toter noch
etwas auf dem Herzen, was ihn bedrückt, so wird er seine Zuflucht
zu einer sensitiven Person oder einem Medium nehmen, um sein
Anliegen noch aus dem Jenseits vorzubringen. Vermag er seinen
Zweck nicht zu erreichen, so kann es passieren, daß er durch seine
Willensstärke Elementarkräfte in Bewegung setzt und damit dann
nur Menschen erschreckt. · Ein mutiges Medium könnte in einem
derartigen Hause eventuell Abhülfe schaffen. Da ich spiritistische
Sitzungen erwähnte, so will ich hierbei noch gleich bemerken, daß
der Astralkörper eines Individuums beim Übergange nach Devachan
zurückbleibt, just ebenso wie beim irdischen Tode unser Körper in
der physischen Welt bleiben und sich auflösen muß. Jener zurück=
bleibende Körper in der Astralwelt (bei Aufstieg einer Seele nach
Devachan) wird „Schatten" genannt, und dieser mit kleinen Eigen=
heiten zurückbleibende Schatten vermag durch spiritistische Sitzungen
sehr leicht herbeigelockt zu werden und wird von den Sitzungs=
mitgliedern — meist ohne eingehendere Kenntnisse in dieser Beziehung —
dann leicht mit der Person selber verwechselt.

Die Lebensdauer eines solchen Schattens richtet sich nach dem
Gehalt an niederem Manas, der ihn beseelt; seine Denkfähigkeit
nimmt im Verhältnis der Auflösung ab, aber begabt mit einer
gewissen Schlauheit, vermag ein solcher Schatten durch erborgte

Intelligenz des Mediums noch oft mit der physischen Welt in Verbindung zu treten. Könnten sich also die Freunde eines Toten vorstellen, mit wem sie unter Umständen in Wirklichkeit bei Sitzungen verkehrten, so würden sie derartige Manifestationen Abgeschiedener ruhig liegen und diese lieber unbehelligt lassen.

Ein vorgeschrittener Jünger okkultistischer Wissenschaft weiß, daß die Toten leben, was aus ihm nach seinem irdischen Tode wird und wie er — dieses vorausfehend — sich schon jetzt zu verhalten hat.

Existiert der Schatten einer Astralleiche nicht mehr, so ist nur die „Larve" noch ein reiner Astralleichnam, aber auch diese vermag für die Astralebene wieder belebt zu werden, geradeso wie es hier auf unserer kleinen Erdoberfläche — siehe weiter hinten — möglich ist, einen noch gut erhaltenen Leichnam, der vielleicht in einem luftdicht verschlossenen Sarge vor Verwesung geschützt geblieben ist, wieder zu beleben. Eine derartige Wiederbelebung des toten Körpers durch die eigene oder durch eine fremde Seele ist keine Totenbeschwörung, keine Herbeirufung der Seele des oder der Verstorbenen.

Jeder Mensch hat bei gewöhnlichem Aufstieg vom Erdenleben zur Himmelswelt dreimal durch die Pforte des Todes zu gehen und überantwortet damit drei abgestorbene Körper einer langsamen Auflösung, nämlich den dichten physischen, den ätherisch = physischen und den Astralkörper.

Im allgemeinen aus der Astralwelt herüberspielende, herüberneigende und kommende Mächte sind für den Durchschnittsmenschen auf Erden nur ungünstige, und der Schüler okkulter Lehren lernt zunächst vor allen Dingen sich gegen derartige Einflüsse zu schützen. Ganz besonders übelwollende Seelen Verstorbener, die sich durch Selbstmord in die Astralwelt versetzten, sind die Pisâchas, die Inkubi und Sukkubae, nach der Bezeichnung mittelalterlicher Schriftsteller: Dämonen des Trunkes und der Gefräßigkeit, der Wollust und des Geizes, welche ihre Opfer zu schrecklichen Verbrechen anstiften und dann in deren Tun schwelgen. Jeder Mensch, der die Lust zu irgend einem Laster in sich verspürt, ist damit aufnahmefähig für die Einflüsse eines derartigen Teufels und übt dann das Laster oder das Verbrechen um so eher aus. Das einzige

Gegenmittel ist zunächst die sofortige Erstickung eines schlechten, verbrecherischen Gedankens, und die Übung hierin führt zur Bezwingung aller Schlechtigkeiten im Menschen.

Wenn wir unser irdisches Kleid im Tode abstreifen, so erheben wir uns in die Astralebene, um hier eine Begierdefessel nach der andern abzutun. Der Aufenthalt auf der einen oder anderen Unterebene kann von kurzer oder auch von langer Dauer sein, je nachdem wir uns infolge unserer Eigenheit hier festhalten lassen. Unsere Fähigkeiten sind dort ebenso beschränkt, wie sie hier waren, aber doch wiederum größer als in der physischen Welt. Zwar werden wir auch in der Astralwelt an Zeit und Raum gewöhnt sein, aber nicht in der Auffassung wie bei uns; wollen wir nach Dresden, so werden wir im selben Augenblick dort sein; denken wir vielleicht an die Zerstörung Jerusalems, so sind wir dabei, sehen und erleben alles mit, wissen, wie Titus aussieht, und lernen dessen Wirken, Art und Weise kennen.

Nichts vergeht in der Welt, alles lebt und webt weiter, aktive Taten bleiben lebend im Weltenbuche registriert, und sowie ein Astralbewohner vielleicht Geschichte studieren will, so sieht er Zeiten und Geschehnisse — sie quasi miterlebend — vorüberziehen.

Will sich jemand übernatürliche Kräfte (Jbbhi) erwerben, so ist die Erlernung sogenannter Zaubertricks zu Vorstellungszwecken ganz und gar „fauler Zauber" und nur zur Unterhaltung neugieriger Zuschauer dienend. Ganz anders dagegen die sogenannte „höhere Magie," die es nach dem allweisen Materialismus nicht gibt, aber wofür sich dieselbe doch fürchtet, wenn unerklärliche Tatsachen aus der 4. Dimension vorliegen.

Ein sich mit höherer Magie befassender Okkultist wird niemals Schaustellungen veranlassen, während dagegen schwarze Magier — namentlich in Indien — sofort zur Vorführung ihrer Künste bereit sind.

Auch als Interessenten der weißen Magie müssen uns alle Dinge zum besten dienen, wir müssen uns und dann auch die nächst höher belegene Ebene kennen lernen, und um dabei dann nicht in Einseitigkeit oder gar der schwarzen Magie zu verfallen, so fürchten wir Gott, den Erhabenen, den Schöpfer all dieser wunderbaren Welten und suchen uns durch Kenntniserweiterung für seine in der Natur liegende An- und Erziehung empfänglicher zu machen.

Eingangs dieses Kapitels habe ich den grobmateriellen mensch=
lichen Körper in sieben Teile getrennt dargestellt und ergänze hier
noch, daß der Mensch nach Anni Besants „Der Mensch und seine
Körper" *) sieben verschiedene Körper besitzt, vermittelst welcher er
sich auf den entsprechenden Ebenen zu betätigen vermag. Mittelst
unseres physischen Körpers leben wir in der irdischen Welt, mittelst
des Astralkörpers betätigen wir uns auf der Astralebene, mit unserem
Mentalkörper auf Devachan usf. Zwar haben wir hier nur
mit der Astralwelt zu tun, aber wir müssen auch dieses wissen und
uns vorzustellen vermögen, weshalb die verschiedenen Betätigungs=
körper nur kurz dargestellt werden. Diese verschiedenen sieben
Körper sind aber alle in einem physischen vereinigt, den wir — wie
schon gesagt — beim irdischen Tode ablegen und im Astralkörper
weiterleben, ist dieser abgestreift, vermögen wir vermittelst des
Mentalkörpers die Devachanwelt zu betreten usw. Diese Kenntnis
der verschiedenen Körper setzt uns aber auch in den Stand,
schon im physischen Leben die Mittel und Wege kennen zu lernen,
vermöge welcher wir uns mit dem entsprechenden Körperkleide höhere
Ebenen aufsuchen können. Dieses muß sein, weil es nicht anders
gehen würde; es spiegelt sich aber auch im physischen Leben wieder,
denn ein Bäcker wird nicht in seinem Arbeitskostüm zur Kirche
gehen, obgleich es angängig wäre, oder kein Mensch würde im Frack,
weißer Weste, schwarzer Hose, mit Lackstiefeln an den Füßen und
einen Zylinderhut auf dem Kopfe eine Reise in der Wüste
Sahara antreten.

Je mehr ein Mensch seine Kenntnisse erweitert, um so höher
wird er sich erheben, allerdings nicht in den Augen seiner Neben=
menschen. Bei seinem Aufstieg wird sich ihm ein immer größer
werdender Anblick offenbaren und er damit Wahrnehmungen machen,
die ihm seine Nebenmenschen dann für gewöhnlich abzustreiten
pflegen, wenigstens habe ich derartige Wahrnehmungen bei meiner
theosophischen und okkultistischen Schriftstellerei mit wenig Aus=
nahmen machen können.

In der Hoffnung aber, daß der wirkliche Interessent dieser
Sache mit einem helleren Kopfe begabt ist und meine Darstellungen

---

*) Verlag M. Altmann, Leipzig.

einzusehen vermag, so will ich die 7 verschiedenen Körper eines Menschen hier repetieren und den Mangel der Vollständigkeit ein wenig verringern:

1. Der physische Körper (bestehend aus a dem dichten Körper und b dem ätherischen Körper, welche beide mit dem Tode zurückgelassen werden. Dieselben gehören untrennbar zusammen, bei unnormalen Konstitutionen oftmals trennbar).

2. Der Astralkörper.

3. Der Mentalkörper (Manas), a der Denkkörper (niederer Manas), b der Kausalkörper (höherer Manas).

4. Der spirituale Körper.

5. Der zeitweilige Körper.

6. Die menschliche Aura.

7. Der Mensch oder das „Ich" (Ego) selber.

Ich (meine Seele), die Individualität meines Selbstes, ist also nicht das, was das äußerliche Gewand dartut und was mein Körper dem Anscheine nach unter anderen Menschen vorstellt.

Das Kleid, das wir tragen, ist mehr eine Maske, welche nur die Wunden des Herzens verbirgt.

Die Körper, in welchen wir zu leben und zu wirken haben, sind nur Werkzeuge für uns, und unser jedesmaliger Körper existiert für uns und wir nicht für ihn. Der Körper soll unser Diener sein und nicht unser Herr!

Für gewöhnlich erwirbt ein Mensch nur physisches Bewußtsein, aber soweit wir aus dem Voraufgegangenen bereits kennen gelernt haben, ist es eine Wohltat, auch schon astrales Bewußtsein zu entwickeln, um fernerhin höhere Gebiete dieses Bewußtseins leichter betreten, durch weite Weltregionen streifen und zum Nutzen und Besten der Menschheit beitragen zu können.

Die theosophische Siebenteilung des Menschen, entsprechend obiger Reihenfolge, ist diese:

1. Der physische Körper (Sthula Sharîra). Die äußere Gestalt des Menschen.

2. Der Astralkörper (Linga Sharîra).

3. Die Lebenskraft (Prâna), durch den Astralkörper rollend, auch die individuelle Seele genannt.

4. Die tierische Seele (Kâma), alle Leidenschaften und Begierden umfassend.

5. Die menschliche Seele (Manas), denkende Seele.

6. Die geistige Seele (Buddhi), der Träger des Geistes.

7. Der Geist (Âtma), das sich allmählich entfaltende Selbst, welches sich durch alle Umhüllungen, die nichts anderes als verschiedene Erscheinungen des „Atma" sind, Bahn bricht.

Du gleichst dem Geist, den du begreifst,
Nicht mir!

Aus Goethes „Fauſt".

III.

Ein alte und kindiſche Anſicht der Menſchen iſt offenbar die, anzunehmen, dieſe Welt und alles, was darinnen iſt, exiſtiere nur lediglich und allein für die Menſchen und dieſe hätten damit das Recht in Erbpacht erworben, hart und grauſam gegen alle anderen Geſchöpfe zu ſein (Viviſektion, Sport mit Tieren uſw.).

Jedem Jünger okkultiſtiſcher Wiſſenſchaft muß aber zum Bewußtſein gekommen ſein, daß alles Leben heilig iſt und daß es ohne univerſelles Mitgefühl keinen Fortſchritt auch auf dem verhältnis= mäßig winzigen Raum gibt, den die Menſchheit in der Ökonomie der Natur einnimmt. Unſere Erde, Luft und Meer bergen Myriaden von Lebeweſen und mehr noch die Aſtralebene. Soweit die auf dieſer Ebene exiſtierenden menſchlichen Weſen für uns und in unſerem Intereſſe in Betracht kommen, ſind dieſe im I. Kapitel bereits erwähnt worden, und ſoweit die nichtmenſchlichen Weſen für uns ins Gewicht fallen, muß hier erklärt werden, daß dieſelben teils tiefer als die Menſchen ſelber rangieren, teils ihnen gleichen und teils ihnen an Macht und Erhabenheit weit überlegen ſind, andere wiederum ganz neue oder wenigſtens für uns fremde Bahnen wandeln.

Die Schöpfung iſt ſo großartig und ſo unbeſchreiblich ſchön, daß es ganz und gar an Worten gebricht, ſie erklärlich darzuſtellen. Alles Schöne und Erhabene in der Welt wird allein von den Unarten und Erbärmlichkeiten der Menſchen verdunkelt und verzerrt. Es iſt ſcheinbar eine Mode bei den Menſchen, ganz beſonders über das zu ſpotten, was man einen törichten Aberglauben des unwiſſenden Volkes nennt, aber ein Okkultiſt vermag bei ſorgfältiger Prüfung zu finden, daß hinter dem, was auf den erſten Blick der reine Unſinn

2 *

zu sein scheint, sich tiefe und in Vergessenheit geratene Natur=
wahrheiten verbergen, und er lernt, sowohl im Ablehnen wie im
Annehmen vorsichtig zu sein.

In einer anderen Arbeit über „Das Leben und der Tod"
habe ich das Leben auf fremden Planeten darzustellen versucht,
woraus ich hier erwähnen will, daß uns mitunter sehr hohe Adepten
von anderen Planeten unseres Sonnensystems besuchen, mitunter
aus noch weit größeren Entfernungen, aber aus welchem Grunde
und zu welchem Zweck, das wissen wir nicht, aber anzu=
nehmen ist, daß es im Interesse der menschlichen Welt geschieht.
Da die sonderbarsten Fragen bei mir einliefen, so will ich hier
besonders hervorheben, daß nicht etwa angenommen werden darf,
jene Adepten machten eine solche Reise in einem physischen erd=
gebundenen Körper und gar per Ballon. Welcher hochentwickelte
Mensch eine ähnliche Reise anstellen möchte, müßte zunächst seinen
physischen Körper bewußt abstreifen und ebenso die ihm anhaftende
Astralmaterie, um mittelst seines frei gewordenen Mentalkörpers sich
nach der Venus oder nach einem anderen Planeten zu versetzen. Hier
müßte er sich einen passenden Körper aus dortiger Astralmaterie
schaffen und dann irgend einen just verstorbenen oder tief schlafenden
physischen Körper einnehmen, den er somit neu belebte und darin
handelnd in entsprechender Weise im dortigen Leben eingreift. Um
dieses klarer zu machen, will ich bereits Gesagtes kurz wiederholen:
Unser „Ich" hat viele Vehikel, womit es sich auf den verschiedenen
Ebenen zu betätigen vermag, befindet es sich in Devachan und will
reïnkarniert werden, so muß es auf die nächst niedere Ebene hinab=
steigen und sich zunächst vorübergehend in der Materie der Astral=
ebene entfalten, das heißt, es muß einen Schleier aus dem Stoff
dieser Ebene um sich ziehen. Dasselbe geschieht bei weiterem Abstieg,
die Seele mit ihren verschiedenen Umhüllungen wird dann nach
den gang und gäben Gesetzen physischer Welt irgendwo „geboren".
Angetan mit einem physischen Körper — unter der mehr oder
weniger angenehm wirkenden Karma=Dusche — ist sie dann augen=
scheinlich nicht mehr das als wie in der Astralwelt oder auf der
Devachanebene.

Ein Mensch mit unentwickeltem Verstande (und das sind die
Menschen noch meistenteils) sieht seinesgleichen keineswegs an als

Geist plus Astral- und plus Erd-Materie; dieses müssen wir uns begreiflich zu machen suchen und fest einprägen, wollen wir uns überhaupt weiter entwickeln und auf dem gewöhnlichen Ansichts-standpunkt der Menschen nicht kleben bleiben. Dieser Prozeß wiederholt sich in allen Abteilungen auf jeder Ebene eines Planeten in irgend einem Sonnensystem, auch ist es klar (für Okkultisten), daß, wenn die Ursprungsenergie ihrer Zeit unsere physische Region erreicht, sie so gründlich verschleiert ist und es uns nicht Wunder nehmen kann, wenn die Menschen sie dann überhaupt nicht mehr als Geist erkennen können.

Im vorigen Kapitel versuchte ich zu erklären, daß der Mensch im Astralkörper auch diesen durch den Tod auf der Astralebene abstreife, sich also bei dem betreffenden Ego die höheren Prinzipien von der zurückbleibenden Astralleiche getrennt haben, welch letztere "Schatten" benannt wird. Hierin existiert alsdann keine Vernunft mehr, wohl aber noch ein schwacher Wiederschein derselben, welcher sie zum Spielzeuge halbbewußter Empfindungen macht, aus denen Phantasien entspringen, deren Charakter von den Gedanken und Empfindungen, welche die Person während des Lebens hatte, abhängig ist, und die aus den aufgespeicherten Erinnerungen des irdischen Teiles des Gemütes hervorgehen.

Um aber diesen Vorgang zu ermöglichen und zu einer Art von Bewußtsein zu gelangen, dazu bedürfen diese Schatten resp. Larven menschlicher Lebenskraft, welche sie, sei es willkürlich oder instinktiv (infolge eines Dranges nach Leben), irgend einem Medium entziehen, und deshalb sind diese "Geister" auch Vampyre, welche die "Medien", die sich mit ihnen abgeben, nicht nur der Vernunft berauben, sondern sie auch schließlich körperlich zu Grunde richten. Unwissenheit hiervon ist kein Schutzmittel gegen diese Übel, welche sie anzurichten vermögen, und mancher Spiritist bildet sich ein, ein gutes Werk zu tun, indem er sich mit einem solchen "Geiste" verbindet, während sein "Dual" oder seine "Seelenbraut" resp. sein "-bräutigam", in Wirklichkeit nur eine Astralleiche oder gar ein teuflisches Wesen ist, von dem er "besessen" wird.

Die Frage, warum man heute weniger von Besessenen hört, beantwortete der Hofrat Kerner 1894 schon mit dem Hinweis auf die vielen Irrenhäuser!

In einem medizinischen Werke*) lese ich über „Dämono=
Melancholie", daß es diejenige Form der Schwermut sei, „bei der
sich das Gefühl des Beherrschtseins in der Vorstellung des
Besessenseins von Dämonen äußert" usw. Eine weitere Besprechung
muß dann außerhalb des Rahmens qu. Aufgabe liegen. Punktum!
Das betreffende Werk an sich bietet ungemein viel Belehrendes,
aber alle derartigen Werke erklären Besessensein, Dauerschlaf so gut
wie gar nicht und die totale Veränderung der inneren Person eines
Menschen überhaupt nicht. (Es kann z. B. jemand über Nacht auf
der Reise usw. sterben, wird dessen Körper von einem Magier ein=
genommen oder von einem dämonischen Geiste, wer vermag dieses
zu beweisen und obendrein gegenüber voreingenommenen Doktoren?)
Wenn ein Mensch ein so absolut unwürdiges und selbstsüchtiges,
so äußerst ruchloses und brutales Leben führt, daß sein ganzes aber
gewöhnliches Denkvermögen mit seinen Begierden verstrickt ist und
sich damit von seiner spirituellen Urquelle im höheren Ego trennt,
so tritt auch ein vollständiger Verlust seiner Persönlichkeit ein, die
nach dem irdischen Tode auf der Astralebene festgehalten und von
hier in eine mysteriöse 8. Sphäre gedrängt wird, um hier langsam
und endgültig zu vergehen. Derartige Wesen, besitzen sie einige
Kenntnisse der schwarzen Magie, werden aber versuchen, hier auf
der Astralebene nicht zu sterben (und damit in die 8. Sphäre ein=
zugehen), sondern sich vielmehr durch eine Art kataleptischen Schlaf=
zustandes zu erhalten suchen, indem sie ihrem Körper durch Trans=
fusion Blut zuführen, welches sie anderen menschlichen Wesen in
ihrem halbmaterialisierten Astralkörper entziehen, also durch Massen=
mord ihr endliches Schicksal hinausschieben.**)
Wo z. B. Kriege und Blutvergießen stattfinden, da schwelgen
diese Wesen mit besonderer Vorliebe, aber die allgemeine Unkenntnis in
dieser Beziehung, die Aufregung und die Jugend der Soldaten
bewirken, daß etwa vorkommende Fälle mystischer Art entweder gar
keine Beachtung finden oder gar nicht erkannt werden.
Die ganze Menschheit, so wie sie da geschaffen und beschaffen
ist, bewegt sich en masse einem erträglicheren „goldenen Zeitalter"

---

*) „Die neue Heilmethode" von M. Platen. Deutsches Verlagshaus
Bong & Co.
**) Vgl. „Bemeisterung des menschlichen Schicksals" von Ferd. Schmidt.
Ernst Fiedlers Verlag, Leipzig.

entgegen, um so mehr Interesse wird dem übersinnlichen Wissen dargebracht und um so eher werden diese dem totalen Aussterbeetat anheimgefallenen Wesen verschwinden, ebenso werden auch die Elementarwesen, welche durch ein gehässiges Denken wider andere Menschen entstehen, infolge weiterer Verscheuchung der Selbstsucht bei allen Menschen, auch um so freundlicher sich gestalten müssen.

Hiermit sind wir nun zu einem Anhaltepunkte gekommen, der für die vorliegende Schrift von ganz besonderer Wichtigkeit ist.

Jeder Mensch läßt seine Gedanken ununterbrochen spielend herumjagen und ist in dieser Hinsicht wie ein Taubenschlag, denn er läßt ununterbrochen fremde Gedanken ein- und ausziehen. Schafft er sich eigene Gedanken, so werden es in der Mehrzahl selbstsüchtige oder gehässige wider andere Menschen sein. Diese Gedanken beeinflussen nun das große Elementarreich, vgl. Tafel unter: „Nichtmenschliche Wesen ad 1", und bewirken, daß irgend ein Mensch den Raum um sich her meistenteils mit höchst unerfreulichen Geschöpfen seines düstern Geistes bevölkert hat. Bedenkt man hierbei, wie wenig erhebend das Gesamtergebnis der jetzigen Menschheit ist, so brauchen wir uns auch keineswegs viel darüber zu verwundern, wenn die Menschen infolge ihrer üblen Aussaat auch eine große Übelernte damit erzielen. Diese Essenz empfängt blindlings von uns und strahlt das Empfangene wieder zurück, auch auf uns!

Es ist einleuchtend, daß gute und wohlwollende Gedanken, wie solche von allen großen Religionen doch gelehrt werden, auch entsprechend gute Folgen zeitigen müssen, und wer seine Gedanken geschult hat, dadurch imstande ist, ein großer Magier zu werden. Die große Mehrzahl aller magischen Praktiken besteht fast nur in deren Handhabung, entweder direkt durch die Anwendung des Willens des Magiers oder durch bestimmte Astralwesen, die er für diesen Zweck geschaffen hat. Auch vermittelst dieser Elementaressenz werden fast alle physikalischen Phänomene in den Sitzungszimmern hervorgerufen, und sie ist es ebenfalls, die in den meisten Fällen das Töpfe-, Stein- und Hausratwerfen, das Glockenläuten, das Stöhnen, Längsschleichen usw. in Spukhäusern bewirkt. Derartige Erscheinungen werden entweder durch unsichere und plumpe Anstrengungen einer erdgebundenen, menschlichen Wesenheit hervorgerufen, um die Aufmerksamkeit auf sich zu lenken, oder durch rein schadenfrohe Streiche niedriger Naturgeister. (Vgl. Tafel zu III.) Die Elementaressenz selber ist nicht der Urheber von dergleichen, es ist vielmehr eine schlummernde „latente" Kraft, die einer äußeren Einwirkung bedarf, um in Tätigkeit treten zu können.

Durch die Macht und Kraft unserer Gedanken können wir uns demgemäß schützen und schirmen, wir können vermittelst derselben anderen Gutes tun resp. sie schädigen, wir vermögen damit Wunder zu verrichten und zwar regelmäßig unter Zuhülfenahme selbstgebildeter Wesen der Astralebene.

Die indischen Gaukler beschwören die nichtmenschlichen Wesen der Astralebene, die sog. Naturgeister, ihnen durch ihre spezielle Macht zu helfen und beizustehen und bringen dadurch die wunder= barsten Kunststücke dieser Welt fertig. Die Naturgeister besitzen die wunderbare Fähigkeit, diejenigen zu verwirren und zu verblenden, die ihrem Einfluß unterworfen sind, sodaß solche Opfer alle zur Zeit nur das sehen und hören, was die Gaukler und mit ihnen die angerufenen Naturgeister wollen, genau so wie ein Hypnotisierter das hört, sieht, fühlt und glaubt, was der Hypnotiseur will.

Die ganze Zuhörerschaft eines indischen Gauklers wird ohne Zweifel durch den einführenden Tam=Tam=Spektakel zunächst sinn= verwirrt und hypnotisiert, wonach dieselbe um so leichter einer Halluzination erliegt und zu der Einbildung gezwungen wird, sie sehe und höre eine ganze Reihe von Vorgängen, die in Wirklichkeit gar nicht stattgefunden haben.

(Derartige Vorstellungen habe ich in dem bereits erwähnten Buche von mir, „Die Bemeisterung des menschlichen Geschicks", beschrieben).

Ein ordinärer Magier kann den Beistand dieser Naturgeister nur durch die Zeremonie der Anrufung (Invokation) oder — der Beschwörung, des Zitierens (Evokation), erlangen, d. h. entweder ihre Aufmerksamkeit als Bittender auf sich ziehen und dann eine Art Handel mit ihnen schließen oder · versuchen, Einflüsse in Bewegung zu setzen, die ihren Gehorsam erzwingen.

Es ist jedoch keinem von einem Meister in den Okkultismus eingeführten Schüler gestattet, irgend etwas dergleichen zu unter= nehmen, denn beide Methoden sind keineswegs empfehlenswert und die letztere sogar sehr gefährlich, da der Beschwörer ihre Feindschaft hervorrufen kann und diese dann für ihn sehr verhängnisvoll zu werden vermag.

Somit wäre es also unratsam, die Naturgeister in dieser Form irgendwie zu belästigen, nahen sie sich uns jedoch hilfe= spendend, so wird ihre Freundschaft zu uns von außerordentlichem Werte sein. Ein Schüler des Okkultismus hat ferner nichts bei spiritistischen Sitzungen zu suchen, um mit anderen verblendeten und von sich eingenommenen Menschen unglückliche Seelen der niederen Astralebene in die irdische Sphäre zu zerren.

Wir lernen an der Hand unsichtbarer Führer durch ein= gegebene und in uns auftauchende Ideen weit mehr und weit besseres, als uns irgend ein Hypnotiseur einzurichtern oder ein gewaltiger Spiritist vorzuführen vermag.

Ein Hypnotiseur verführt uns in die Bereiche schwarzer Magie, ohne dieses gerade immer bezwecken zu wollen, und kein Spiritist erfährt durch Medien materialisierter Geister zukünftige Dinge von Wert!

Ein Adept, also ein Mensch, der durch die Entwickelung seines geistigen Wesens transzendentales Wissen und ebensolche Kräfte erlangt hat, weiß, wie er die Dienste der Naturgeister sich zu Nutze machen kann, wenn er ihrer bedarf; dieselben vermögen auch, wenn sie einer hohen Adeptschaftsklasse angehören, durch ihren Willen die unteren Devaklassen auf der Astralebene zu beherrschen. Diese Devas (siehe Tafel) werden sich der Menschen auf der physischen Ebene im allgemeinen gar nicht bewußt, aber es ist nicht aus= geschlossen, daß die mit uns in Berührung kommen könnende Kamadevas infolge magischer Beschwörungen oder insofern sich uns zuwenden, sollten sie irgendwelche Schwierigkeiten bei uns bemerken und uns dann mitleidig Hilfe spenden, wie wir vielleicht irgend= einem in Not befindlichen Tier zu helfen vermögen. (Wenn die Not am größten, ist Gottes Hilfe am nächsten!)

Nicht zu den eigentlichen Devas gehören die wunderbaren und richtigen Wesen, die Devârâjas, welche nicht das Devareich sondern vielmehr die 4 Elemente: Erde, Wasser, Luft und Feuer mitsamt den darin wohnenden Naturgeistern und Elementaressenzen beherrschen und darüber wie Könige regieren.

Ihre Entwickelung entspricht nicht der unserigen, das heißt: menschliche Entwickelungsstufen liegen nicht in ihrer Vergangenheit. Von großer Wichtigkeit sind sie für uns als Regenten der Erde, vermittelst ihrer Macht verlöscht das Feuer (ein Muselmann erbot sich dem Rat der Stadt Hamburg, gegen eine Summe von 60000 Mk. den Brand von Hamburg 1842 zu beschwören), oder es erstarrt das Wasser und tritt zurück (Moses Zug durchs rote Meer), oder es erweisen sich auch Luft und Erde uns Menschen günstig.

Als die Engel der 4 Hauptpunkte: Feuer, Wasser, Luft und Erde werden sie von den Hindus „Chatur-Mahârâjas" genannt, auch werden ihnen die 4 Weltrichtungen Osten, Süden, Westen und Norden, sowie ihre symbolischen Farben weiß, blau, rot und gold zugesprochen.

In der „Geheimlehre" von H. P. Blavatsky werden sie als „beschwingte Weltkugeln und feurige Räder" (siehe auch in der Bibel, Hesekiel) bezeichnet. Sie sind es auch, die als Vermittler oder Agenten der menschlichen Karmas während deren Erdenlebens wirken; sie spielen in unser aller Schicksal eine ganz außerordentlich wichtige Rolle. Die großen karmischen Gottheiten des Kosmos (in der „Geheimlehre" Lipika genannt) wägen die Taten einer jeden Persönlichkeit, sobald die endgültige Trennung ihrer Grundteile am Ende des Astrallebens stattfindet, und sie gestalten — sozusagen — das Modell eines ätherischen Körpers, welches genau den An= forderungen des Karmas bei der nächsten Geburt des Menschen entspricht.

Diese Devârâjas wachen ferner über das Leben aller Menschen, bringen auch etwaige Abweichungen ins Gleichgewicht, die fort= während in dem Zustand des Menschen durch seinen eigenen freien Willen und den seiner Umgebung hervorgerufen werden. Sie können ferner, wenn sie wollen, menschlich materielle Gestalt annehmen und haben dieses auch des öfteren schon getan.

Als ihre Gehilfen und Vermittler wirken all die höheren Naturgeister und die Scharen künstlicher Elementarformen bei dem überwältigend großen Werke, das sie vollführen; es liegen alle Entwickelungsfäden in ihrer Hand, und die ganze Verantwortlichkeit lastet auf ihnen allein.

Auf der Astralebene selber betätigen sich diese Devarâjas weniger, kommt es jedoch vor, so werden sie die bemerkenswertesten unter den nichtmenschlichen Bewohnern sein.

Vorhin wurden nur 4 Klassen dieser Wesen näher dargetan, aber nach der okkultistischen Lehre ist es selbstverständlich und anzunehmen, daß sich auch diese in sieben große Klassen einteilen, allerdings ist uns ·von den drei weiteren Klassen, selbst bei Eingeweihteren, wenig bekannt. Wir haben die Siebenteilung des Menschen kennen gelernt, und auch bei allem von Wert tritt uns diese Zahl 7 als heilig entgegen; z. B. bei dem Licht, bestehend aus 7 Farben (Regenbogen oder durch ein Prisma gesehen), dem siebenfach klingenden Ton (c, d, e, f, g, a, h,), ferner beim Menschen mit seinen 7 Sinnen, Agni wird in einem Wagen von 7 Rossen gezogen usw.

Die Devarâjas sind hier für uns von ganz besonderer Wichtigkeit, denn sie haben unser Schicksal in der Hand, das wir durch unser eigenes Wollen und Wirken schaffen und verändern. Sie müssen wir um gnädigsten Beistand und Hilfe bitten und auch um Schutzkraft, daß wir keiner Versuchung unterliegen. Ich habe mich ihnen ganz zur Verfügung gestellt und bin bereit, Menschen zu helfen und beizustehen, so gut ich es kann und vermag. Bin ich dadurch in eine Lage und Stellung geraten, in der ich von anderen Menschen vielfach scheel angesehen werde, so wissen mich .Hilfsbedürftige aller Art aber doch zu finden. Daß ich meine Vielseitigkeit (ohne von mir jedoch eingenommen zu sein!) höheren Wesen zu danken habe, ist mir bewußt, denn ich bat um ihren Schutz und um Verleihung großer, schöner Gedanken, um starke Willenskraft, sowie um Kenntniserweiterung zu eigenem Besten und zum Wohle anderer Menschen.

Ich rede hier schriftlich im Interesse meiner Schüler und für diejenigen, die sich für eine erweiterte und schöne Weltauffassung interessieren, angelockt allerdings durch den Titel dieses Buches.

Wenn nun ein sonst rechtschaffener und gottesfürchtiger Mensch diese uns nahestehenden Devârâjas gar nicht kennt und deren Zuneigung durch Gebete und stille Anrufe ganz außer acht läßt, so ruft dieser Umstand keinen Zorn bei ihnen hervor, denn solche Menschen genießen ebensogut ihren Schutz wie diejenigen, die von ihnen zu erzählen und ihr eigenes Tun und Handeln hier auf Erden von ihnen somit beachtet wissen.

Derartige weiße Magie wird aber von manchem Schüler dieser verlockenden Lehre nicht als voll betrachtet, weil aber der Zauberlehrling noch nicht gelernt hat, das Feine vom Groben zu trennen.

Welcher Interessent dieser Weltanschauung hat noch Lust, im alten Geleise zu bleiben?

———————

Alles verwandelt sich; nichts stirbt.
In schöner Verwandlung wird die
Hoffnung Genuß und das Verlorene
Gewinn.

Herder.

IV.

Bittet eine fromme Mutter für ihr vielleicht in der Ferne weilendes Kind, so schafft sie damit — unbewußt hervorgerufene — Elementarformen, die dann in der Nähe des Kindes weilen werden und sich demselben einzuverleiben suchen, was immer geschieht, wenn das Kind Charakterzüge besitzt, welche dem guten Einfluß entgegenkommen.

Wird also über Hülfe durch Schutzengel erzählt, so dürfen wir getrost annehmen, daß irgend ein Eingreifen seitens künstlicher Elementarformen, resp. seitens Seelen lebender oder erst kürzlich abgeschiedener menschlicher Wesen oder gar Devas vorliegt.

Unphilosophische Menschen bezeichnen dieses als eine Erfüllung des Gebets. Der zur „weißen Magie" neigende Okkultist wird auch bereits wissen, daß das Karma einer fromm betenden Person die direkte Hilfe eines Adepten oder seiner Schüler gestattet. Das direkte Eingreifen eines Devas findet verhältnismäßig seltener statt, sie werden mehr ein Hilfespenden veranlassen und zulassen. Ein uns freundlich gesinnter Naturgeist greift häufiger helfend ein, und hierbei wird er immer den leichtesten und nächstliegenden Weg der Hilfe wählen, indem er die durch den Wunsch geschaffene Elementarform zu kräftigen sucht und dann geschickt zu leiten weiß.

Wer z. B. Tieren hilft und beisteht, wenn sie sich in Not befinden, oder wer blühende Pflanzen schont und womöglich schützt und pflegt, dieses ganz allgemein aufgefaßt, der wird sich ganz unbewußt die Zuneigung solcher Naturgeister zuziehen. Und wer

eine derartige Charakter- und Gemütsverfassung besitzt, wird infolge
seines Edelmuts auch bei den höheren Wesen gut angeschrieben sein,
denn nichts vergeht und nirgends existiert etwas zwecklos, und all
unser Tun und Lassen wird beachtet und verewigt sich in dem vor
Adepten offenliegenden Gedächtnis des Logos, genannt: Akasa!

In dem heutigen Jagen nach Glück und nach Geld, in der
Konkurrenz auf allen Gebieten physischer Welt, da ist es auch gar
nicht verwunderlich, daß durch Anpreisung billiger Lehrbücher über
Magie und dergleichen mancher Mensch übernatürliche Kräfte erlernen
will, um desto besser seine Nebenmenschen übervorteilen zu können.
Hat dann ein solches Individuum tatsächlich etwas hypnotisieren
gelernt und denkfaule, leichtgläubige, gutmütige oder halb blödsinnige
Menschen im Willen bezwungen, resp. sein Wollen bei diesen
in Handlungen umgesetzt, so ist mit einem solchen „Kenner"
dieser geheimen Wissenschaft kaum mehr zu verkehren, er dünkt sich
mehr denn je und sieht nicht die greulichen Fratzen und Klauen
seiner selbstgeschaffenen Elementars auf niedrigster Stufe der Astralebene, die ihn dann selber auch vernichten werden.

Das Hypnotisieren hat an sich keinen Zweck, wenn wir zum
Nachteil Anderer diese der Hypnose unterwerfen, mögen wir auch
wohl augenblicklichen Vorteil genießen, aber die Vergeltung hinkt
hinterdrein.

Ein Okkultist oder auch ein willensstarker Mensch läßt sich
überhaupt nicht hypnotisieren und in dieser Beziehung beeinflussen.

Damit ist aber nicht gesagt, daß derjenige, welcher magische
Kräfte erwerben will, diesen erwähnten Zweig nicht zu erlernen
brauche; im Gegenteil, auch das Hypnotisieren ist ein Teil im
Rahmen der weißen wie der schwarzen Magie. Um sich magische
Kräfte zu erwerben und dieselben dann auch bemeistern zu lernen,
sowie sich selber zu schulen, zu bessern, zu veredeln und zu stärken
im Innern, dazu gehören Jahre; ebenso vergehen Jahre, um eine
fremde Sprache vollständig zu erlernen und zu beherrschen, und da
hilft keine Methode, keine Universalmittel und kein noch so viel ver-
sprechendes Lehrbuch ab.

Ein wirklicher Magier, der seine Sache kennt und zu übersehen vermag, welche Wirkung er erzeugt, könnte allerdings in den
Körper einer geeigneten Persönlichkeit einen fremden Geist einziehen

laſſen und ſomit bewirken, daß die uns von außen bekannte Perſon
mit einem Male eine oder mehrere fremde Sprachen verſtände, mathe=
matiſche Aufgabe löſe oder Muſikinſtrumente bemeiſtere, die ſie früher
nicht zu ſpielen vermochte. Er vermag ſogar ungeheure Kräfte in
Bewegung zu ſetzen und auch zu dirigieren. Okkultiſten beider
Richtungen, von der weißen wie von der ſchwarzen Schule, benutzen
meiſtenteils nur Elementarformen bei ihrem Wirken, und wenig
Aufgaben gibt es nur, die dieſe auszuführen nicht imſtande wären;
denn es iſt einzuſehen, daß derjenige, welcher weiß, wie es gemacht
wird, auch mit der Form im Zuſammenhange bleiben und ſie leiten
kann, gleichviel auf welche Entfernungen. Eine bewußt hervor=
gerufene Elementarform geht dann als eine Wirklichkeit vor, als ob
ſie die volle Intelligenz ihres Meiſters beſäße. Da nun aber bei
allen Menſchen deren Karma eine ſehr große Rolle ſpielt, ſo bewirkt
dieſer Umſtand, daß ein entſcheidendes Eingreifen in das Leben
eines Menſchen oftmals mißlingt; bekommen dagegen Menſchen oder
Schüler mitunter Aufgaben zu erledigen, bei denen ſie von Kräften
angegriffen werden und ſicherlich unterliegen müßten, ſo wird ihnen
auch ein ſogenannter „Schutzengel" zur Seite ſtehen.

Im großen Bereiche der höheren ſchwarzen Magie werden
mitunter Elementarformen von enormer Macht und Kraft geſchaffen,
welche Geſchöpfe oftmals der Herrſchaft ihrer Ausſender entſchlüpfen
und ſich dann auf eigene Fauſt zu betätigen verſuchen, indem ſie
eine Larve (ſiehe Tafel I. 2. e) wiederbeleben und dann als böſer
Dämon Unheil anrichten oder gleich Vampyren Lebenskraft aus
menſchlichen Weſen ſaugen, oder ſie bewirkten, daß ihnen blutige
Opfergaben dargebracht wurden. Bei halbwilden Völkerſtämmen
vermögen ſie Erfolge letzterer Art auch heute noch zu erwirken und
werden dann als ſogenannte Dorf= oder Familien=Götter anerkannt;
häufig in Aſien, Afrika und auf einigen Inſeln des Großen Ozeans
noch Gebrauch. Wird ſolchen dämoniſchen Lokalgöttern das einge=
führte Opfer nicht mehr dargebracht, ſo machen ſich dieſelben höchſt
unangenehm bemerkbar, durch Feuersbrunſt, Unglück oder dergleichen.

Aber ein energiſcher Wille vermag ſich gegen ihre Macht
immer aufzulehnen und Oberhand zu gewinnen, vielleicht auch
durch die Miſſionsarbeit irgendwelcher Religion, das iſt nicht aus=
geſchloſſen. Bewirkt dann die Reinheit des Charakters ſolcher

Menschen, gegen die sie losgelassen worden sind, eine Abweisung ihres Einflusses, oder beschützt uns ein „Schutzgeist" vor dergleichen, so kehren sie endlich mit schrecklicher Gewalt auf ihre Schöpfer zurück oder wenden sich auch anderen Opfern in Kriegen, Mordtaten, Schlachthäusern ꝛc. zu.

Eine mittelalterliche Sage berichtet von einem solchen Magier, der durch den bösen Feind, den er selbst gerufen oder geschaffen, in Stücke zerrissen worden sei; ihr mag nach der hier voraufgegangenen Erläuterung eine geschilderte grausige Tatsache in Wirklichkeit wohl zu Grunde liegen.

Die Schatten und die Larven verstorbener Astralkörper werden sehr häufig noch dazu benutzt, um die Zwecke der Voodoo- und Obeah-Formen der Magie zu fördern.

Bezugnehmend auf die Erwähnung von Kriegen, Mordtaten, Jagdsport, Vivisektion, Viehschlachtung und dergleichen will ich nicht unterlassen, hierbei zu betonen und zu erklären, daß alle derartige Schändlichkeiten absolut keine notwendigen Übel sind, denn nach richtiger philosophischer Prüfung des Lebens und der Leidenschaften der Menschen ist die Möglichkeit der Entbehrlichkeit solcher Übel vollauf erkannt.

Das herrliche Wesen der Wahrheit hat mit diesen noch modernsten Greueln gar nichts gemein und sind alle vorgenannten Übel allerdings leider Tatsachen, so sind diese Tatsachen aber keine Wahrheiten. Ich bin wegen dieser Argumentation selbst von studierten Herren ausgelacht worden, ohne aber damit zu der Überzeugung gekommen zu sein, ich befände mich wirklich im Irrtum. Allerdings ist das Leben ja bequemer, wenn man mitten im Strom allgemeiner Ansichten mitschwimmt, aber ohne gerade den Strom gegenanzuschwimmen, sucht man sich doch in dieser Strömung einen passenderen und zu= sagenden Kurs aus. Die Wahrheit an sich dürfte niemals mit den gang und gäben Ansichten, Moden und Einrichtungen der Menschen identifiziert werden, soviel sich auch sogar die obersten Kriegsherren für Gott und die maßgebende Wahrheit ausgeben mögen; andernfalls kämen diese Leute dazu, wozu sie wohl nicht übel Lust verspürten, die Wahrheit auch am Ende für ein notwendiges Übel zu erklären, während sie doch das höchste Gut selbst ist.

Schändlichkeiten sind keine Wahrheiten, und die Wahrheit zieht sich von allen Greueln, Kriegen, Jagden, Vivisektionen usw., ja vor der Kirche, dem Staate und der Gesellschaft, und wie sonst noch die Institutionen und Mächte, die es mit der Wahrheit nicht so genau nehmen, heißen mögen, auf sich selbst zurück. Die Wahrheit ist keine Macht an Geld und Kanonen, aber sie übt trotzdem eine eigentümliche, stille und dabei harmlose Gewalt aus, und wer ihr treu bleibt, den kräftigt sie wie ein kühler Äther aus Sonnenhöhen das Denken, stählt und stärkt den Geist und entwickelt allein einen gedeihlichen Boden zu echter Weisheit.

Es ist dies ein Ausblick auf angenehme Erholungspunkte auf dem Wege, den weiße Magier betreten und gehen. Hat sich die Menschheit die heutigen Zustände geschaffen, so ist es auch gar kein Wunder, daß sie in dieser Verfassung immer mehr Elementarformen schafft, die schon überhaupt keinen gesunden Ausblick in die Zukunft mehr zulassen und den Materialismus in grellster Form erblühen lassen würden, wenn von höheren Wesen, namentlich von den Kamadevas, nicht eine gottgeweihtere Weltanschauung (Theosophie und Okkultismus) ausgesäet worden wäre.

Allerdings ist ein Umschwung alter, verknöcherter und dabei unwahrer Anschauungen nicht mit einem Male denkbar, ja durch eine neue Sintflut oder große vulkanische Erdumwälzungen allerdings, aber diese gewaltigen Eingriffe mit ungeheuren Menschen= opfern treten nur erst dann ein, wenn eine totale Verderbnis aller oder fast aller Menschen eingetreten ist.

Die selbständig gewordenen Dämonen, Lokalgötter und dergleichen vermögen ihr Dasein um viele Jahre, ja selbst um Jahrhunderte zu verlängern und behalten dabei genügende Kraft, gelegentlich Phänomene harmloser Art hervorzurufen und den Glauben und den Eifer ihrer Anhänger immer von neuem anzuspornen. Der Schüler des Okkultismus wird somit auch schon bald zu der Einsicht kommen, daß das sogenannte „Gottesgnadentum" von derartigen Wesen soviel wie möglich erhalten zu werden gesucht wird, um Herrscher wie deren Ratgeber desto leichter für Kriege zu stimmen, in denen sie dann ihre kolossale Blutgier und ihre dämonischen Gelüste voll befriedigen können.

In der „Geheimlehre" (II, 446) findet sich ein Beispiel von der Leistungsfähigkeit der Magier von Atlantis („Meistern des

Schwarzgesichts") aufgezeichnet, worin von wunderbar sprechenden Tieren zu lesen ist, die durch Blutopfer dazu veranlaßt wurden, ruhig zu bleiben und ihre Herren nicht zu wecken oder sie gar vor dem hereinbrechenden Untergange nicht zu warnen. Furchtbare indische Gottheiten mögen noch ein Überbleibsel jener schwarzen Magier von Atlantis sein, das vernichtet werden mußte, selbst auf Kosten des Unterganges eines ganzen Kontinents und der Vernichtung von rund 65 Millionen menschlichen Wesen.

Nach den sicherlich nicht ausbleibenden Folgen heutiger Wirtschaft im menschlichen Leben, der herrschenden — und allen Landesbewohner zwingenden — Gesetze, die viel zu wünschen übrig lassen, ferner der ganz unhaltbaren Belehrungen nach Färbung der machthabenden Parteien, der modernen Ehe usw. usw. wird es ebenfalls gar nicht ausgeschlossen sein, daß die Früchte denen von Atlantis gleichen werden. Der einzelne Mitbürger, will er in Frieden leben und unbehelligt bleiben, macht eben mit, was von ihm verlangt wird, und der okkultistisch Gebildete sieht es als sein Karma an, unter so verschrobenen Einrichtungen, wobei ein Staat sich immer besser als der andere leben zu müssen dünkt. Zwingt uns die Knute, alles von uns Verlangte mitmachen zu müssen, so dient uns diese Schule zur Klärung unseres Verstandes oder auch, um andere noch freiheitslosere Menschen aufzurichten und sie für eine höhere geistige Weltordnung und Weltanschauung zu interessieren und anzuwerben.

Besagtes „Atlantis" *) ist mitsamt der 4. Menschenrasse durch Wasser untergegangen, während die jetzige 5. Rasse durch Feuer untergehen soll oder vielmehr nach der Bestimmung des dieser 5. Rasse vorstehenden Devârâjas, wenn alle zu höherem Aufstieg entwicklungs= fähigen menschlichen Seelen gerettet sein werden und mit dem Reste dieser Rasse quasi nichts mehr anzufangen ist.

Hierbei ist keineswegs ausgeschlossen, daß der materielle Teil der gegenwärtigen Rasse in mechanischer Hinsicht und Leistungs= fähigkeit, eventuell auch in schwarzer Magiers es weiter als die alten Atlantier bringen kann. Unter der Voraussicht, daß diejenigen Menschen, welche sich im Laufe der Zeiten hochentwickelt haben

---

*) „Atlantis" von Ferd. Schmidt (Fickers Verlag, Leipzig).

werden, einem totalen Untergange nicht anheimfallen, ist auch die Zulassung eines abermaligen gewaltigen Weltunterganges für die der schwarzen Magie anheimgefallenet Menschheit gerechtfertigt.

„Was man nicht weiß, macht uns nicht heiß", ist zwar ganz schön zu sagen, aber entschuldigen kann sich keiner damit. Wer aber Lust hat, sich in okkultistischen Bahnen zu bewegen, muß auch das Grauenhafte neben dem Erhabenen kennen lernen, und erst dann, wenn man wirklich etwas weiß, macht uns das eventuell bald eintretende Unbekannte auch nicht heiß. Die meisten Menschen wählen immer diejenigen Wege, die einleitend sich höchst angenehm erweisen, und übersehen dabei das nicht allzufern liegende Unangenehme.

Jeder wahre Okkultist weiß, daß das physische Leben lange nicht das ist, wofür es gehalten und ausposaunt wird; schon unsere physischen Augen gebrauchen Mikroskope, um zu sehen, was sonst nicht der Fall wäre. Ebenso vermögen wir unsere Sehfähigkeit zum Hellsehen und unser Gehör zum Hellhören auszubilden, und vermittelst geschilderter Magie kräftigen wir unseren Willen und die Fähigkeit „astral zu wirken", um mittelst dieser Kenntnisse entweder allen Menschen irgendwie zu dienen oder in die Dienste des Teufels zu treten, je nachdem.

Wenn man den Enthusiasmus erfahren hat, der diejenigen erfüllt, welche mit dem Studium des Okkultismus beginnen, so muß auch die Hinweisung von Interesse sein, daß dadurch die astrale Persönlichkeit aus ihrer Latenz aufgeweckt wird und — aufgewacht — sofort in Tätigkeit tritt, die ihnen selbst und anderen Schaden zufügen kann.

Bei diesem Kampf mit dem Selbst, der psychischen Persönlichkeit, beginnen die elementaren Kräfte den betreffenden sehr leicht zu meistern, wenn er nicht imstande ist, diese hervorgerufenen Geister mit seinem eigenen Willen zu beherrschen. Unterliegt er, so ist es mit ihm vorbei, eventuell auch mit seinem Anhang, siegt er, so hat er die Erwartung eines ehrlichen Meisters nicht getäuscht. Gerade die inneren Kräfte des eigentlichen Selbst sind die Quelle unserer Stärke, weshalb sie zunächst erweckt, angelockt, nicht im Wachstum behindert oder verkümmert, noch wieder zurückgedrängt werden dürfen. Unser Wille muß sie natürlich bewachen, weil derartige in der physischen Ebene lagernden Motive dunkel und schlecht sein können:

wir kennen sie noch zu wenig, und die psychische Natur vermag sie allein auch nicht zu reinigen. Immerhin muß die Aufgabe voll gelöst werden, indem das innere Selbst mißtrauisch ergründet und alle verborgenen Motive und Neigungen unermüdlich, jeden Augenblick ans Tageslicht gebracht werden.

Treten hierbei auch Mißmut, manchmal ein Mißlingen oder düstere Schattenseiten unserer Seele zutage, so darf der persön= liche Mut und der Wille dadurch nicht erlahmen, was vielfach geschieht, weil alles Bisherige schal und öde wird, alles unter der Maske der Langweiligkeit erscheint und ein Verlangen nach dem Etwas auftritt, was der Strebende eifrig sucht.

Dieses Etwas, was not tut, ist aber der Streber selbst, der der Kenntnis seiner Seele bedarf. Von dieser Sturm= und Drang= periode kann auch nur derjenige ein wahres Bild entwerfen, der dieselbe hinter sich liegen hat und nun, wesentlich geklärt, quasi gereinigt, einen weiteren Ausblick genießt, als dies im bisherigen Dasein seiner Person jemals zu geschehen vermochte.

Wir bedürfen einer Erlösung aus diesem Dasein, denn dasselbe ist nach der Bibel ein Reich der Sünde und gemäß der Veda ein Reich des Irrtums.

Solange wir, im physischen Körper steckend, die Welt mit materiellen Augen betrachten, solange haben wir auch noch nicht erkannt, daß der physische Körper nur unser Vehikel für diese irdische Ebene ist, und solange nicht das wirkliche „Ich" davon Besitz ergreift, ist der Körper nur ein Automat, auf dem kosmische Kräfte spielen.

Lebhaft empfindet jeder Lernende seinen eigenen langen Lähmungs= zustand, seine krankhafte Stimmung, bei der sich sein Innerstes empört und die kochende Gärung seiner elementaren Natur zu= zunehmen scheint; allein in dem Augenblick, in dem dies alles in sein Bewußtsein tritt, wenn er über das Erbe seiner eigenen Ver= gangenheit nachsinnt und sich wie ein titanischer Laokoon vorkommt, umschlungen von der Weltenschlange, da löst sich im Gefühl namen= loser Verzweiflung und tiefsten Schmerzes sein Herz auf zu universeller Liebe, zum Verlangen nach gegenseitiger Menschenliebe.

Der Dualismus jedes Menschen zeigt sich markant genug, das eine Mal liebevoll, das andere Mal gehässig und zornig, heute

ruhig, morger voller Sturm, aber den einzigen Schutz davor, vor
unserer tigerhaften Natur, bildet die geschilderte Umwandlung des
eigenen Herzens. Haben wir ferner gelernt, diesen abwechselnden
Impulsen, welche aus den Bewegungen des Astrallichts auf uns
einströmen, zu widerstehen, dann erst trotzen wir den immer wieder-
kehrenden Instinkten, die uns andernfalls unsere beste Arbeit wieder
zerstören.

Jeder Mensch, welcher anfängt, sich nach Befreiung von seinen
Fesseln zu sehnen, muß diesen Gedanken festigen und in Willen
umsetzen, und bald wird er die täuschende Natur, die Ketten, sowie
das Gefängnis seiner Körperlichkeit erkennen und auch die Mittel
entdecken, wie er sich zeitweilig und dann ständig davon zu befreien
vermag. Hiermit wird der einsame Pfad Yoga betreten und der
gemeinsame Weg der Mitmenschen verlassen, der mystisch Veranlagte
wird ein Okkultist und eventuell ein selbstbestimmter Pionier der
Menschheit werden können.

Also nur Geduld und nicht verzagt. In Anbetracht unserer
Kenntnis von der Reïnkarnation, des Karma und der in unserer Hand
liegenden Macht, unser künftiges Geschick schon jetzt zu formen
und zu lenken, nimmt sich Max Bewers Gedicht „Geduld" noch
schöner aus:

> „Wenn auch dein Geist mit Ungunst ringt,
> Gut Werk wird nicht verderben,
> Das Korn, das in die Erde dringt,
> Muß erst im Dunkeln sterben;
> Wenn du vielleicht schon längst verweht
> In Leiden bist und Sorgen,
> Blick jung und frisch, was du gesät,
> In seinen ersten Morgen!"

In der bisher geschilderten Art und Weise des im Titel
Versprochenen tritt die schwarze und weiße Magie wiederholt in
engster Beziehung mit dem Okkultismus auf, so darf damit
„Okkultismus" aber keineswegs mit „Magie" verwechselt werden.
Ein Spiritist, ein Hypnotiseur, ein weißer oder schwarzer Magier usw.
ist noch kein Okkultist, aber ein Okkultist begreift und versteht derartige Einzelzweige und Ausgeburten seiner Wissenschaft, er steht
darüber. Derartige Abzweigungen des erkorenen Weges können bei
einigen Jüngern aber auch nur Stationen sein, um diese Fächer

wirklich praktisch kennen zu lernen, wie z. B. ein tüchtiger Bau=
meister praktisch als Maurer, Zimmermann und Zeichner gelernt
haben müßte.

Wer also auf der einen oder anderen Station zu bleiben Lust
hat, dem steht nichts entgegen; leuchten ihm okkulte Kenntnisse ein,
so vermag er auch als selbstsüchtiger und ein nach Rache dürstender
Mensch die Kräfte und Fähigkeiten der Tiernatur in ihm bald an=
wenden zu lernen oder selbstlos und vergebend die Kräfte und Fähig=
keiten seines Geistes zu gebrauchen. Letztere stehen aber nur denen
mit zweifellos reinem Herzen zu Gebote, und das Ausführende ist
dann göttliche (weiße) Magie, während die Beherrschung der feineren,
aber nichtsdestoweniger noch materiellen Naturkräfte, besonders Haß
und Liebe, direkt oder indirekt schnell in Wirksamkeit zu setzen sind
und im allgemeinen mit zur schwarzen Magie gerechnet werden müssen.

V.

Es mag der vielleicht mehr materiell denkende Leser, wenn
er überhaupt das bisher Vorgetragene verfolgt hat, wohl mitunter
den Kopf geschüttet haben, was aber bei anderen Büchern okkul=
tistischen Inhalts nicht minder der Fall und überdies bei dem
heutigen Antagonismus — namentlich der deutschen Tagespresse
gegenüber dieser Litteratur — allerdings kaum anders zu erwarten ist.

Unsere Gegner sind so frei und lachen uns ob unserer
„obskuren Weltanschauung" offen aus, um möglicherweise noch
Beifallsgeklatsch der großen Menge einzuernten. Da wir aber
wissen, daß eine derartige Agitation der Menschen gegen jede Sache,
die ihnen ein „böhmisches Dorf" ist, nichts Neues ist, so wäre es
töricht, uns hiergegen aufzuregen.

Wem eine theosophische und okkultistische Weltanschauung
einleuchtet, der mag auch getrost den Nutzen daraus ziehen; befindet
man sich auch mitten in der Alltagswelt und im Geschäftsleben,
unsere geistigen Interessen dürften dabei unter keinen Umständen
verkümmern.

Wer eines Tages den Entschluß zur Ausreise hat kommen
lassen, die Wunder der Astralwelt kennen zu lernen, und dieses Buch
in die Hand bekommen hat, der wird mir ebenso eine Anerkennung
schreiben, wie mir solche auf meine „Theosophische und okkultistische
Studien" unaufgefordert von weit und breit zuteil geworden
sind. Mancher wird weiteren Rat erbitten oder mit seinem besonderen
Anliegen sich an mich wenden, das weiß ich schon jetzt, indem ich

das Manuskript hierzu anfertige; vorausgesetzt, daß ich noch unter den lebenden Menschen auf Erden weile oder mein Körperkleid noch von mir bewohnt sein wird.

Soweit wir nun die große Astralwelt kennen gelernt haben, in der wir uns oftmals bewegen, während der physische Körper im Bette schläft, so wird auch das Verlangen rege geworden sein, nicht träumend jenes Reich zu besuchen, sondern voll bewußt.

Es ist ein elementarer Akt der Magie, bei vollem Bewußtsein einzuschlafen oder daß wir in unserem astralen Vehikel aus dem physischen Körper herausschlüpfen und somit die physische Welt momentan hinter uns liegen gelassen und uns zur astralen erhoben haben. Daß hierzu wiederum eine außerordentlich starke Willens= kraft und ein ganz ungewöhnlicher Grad von Selbstbeherrschung, kurz eine ganz besondere physische, geistige und moralische Schulung erforderlich ist, wird derjenige, welcher die Möglichkeit und die Entwicklung solchen außerordentlichen Vermögens zugibt, kaum bezweifeln.

Zunächst mag nun ein Teil praktischer oder moderner Magie folgen, denn in der irdischen Welt ist nichts unmöglich, und sobald die Menschen etwas Wahrgenommenes nicht mehr für unmöglich halten, bemächtigt sich die Naturwissenschaft alles dessen, was erwiesen ist und was sie fortan durch genaue Begriffe fassen kann.

Bei dem Worte „Magie" überläuft es empfindsame Gemüter mit einem kalten Gruseln, und vor ihrem geistigen Auge tauchen unheimliche Bilder auf, von mittelalterlichen Gespenstergeschichten, vom großen Höllenzwang des Dr. Faustus, von Hexenküchen der Alchimisten oder von Beschwörungsschrecken der Wolfsschlucht.

Das Wort „Magie", hergeleitet aus der arischen Sprach= wurzel „M A H", heißt auf deutsch „mehr", welches von einem Okkultisten mit:

„Mehr, als die Schulweisheit sich träumen läßt"
übersetzt wird und von der nüchternen Naturwissenschaft als „das Gebiet der physikalischen Aetherschwingungen jenseits der Apperzeption normaler Sinne" bezeichnet werden könnte. Aus dem Übernatürlichen wird dann leicht Übersinnliches, noch momentan Unverstandenes. Wir hören z. B. nur Töne vom tiefsten Subbaß mit 16 Schwing= ungen in der Sekunde bis zum höchsten Grillengezirp von za. 32000

Schwingungen. Wir sehen nur die Farbenskala von 380 Billionen Schwingungen (des Rot) bis zu 700 Billionen Schwingungen des Violett. Wir können dunstartig aufgelöste Körper nur bis zu einem gewissen Verdichtungsgrade tasten und elektrische Ströme nur inner= halb sehr niedriger und sehr hoher Spannung fühlen. Die von Tesla (geb. 1856 in Smiljan in Kroatien) hergestellten ungeheuren Stromintensitäten von Hunderttausenden von Volt gehen ungefühlt und unbeschadet durch den Körper! Ist es nicht törichte Leicht= gläubigkeit, wenn wir unserem beschränkten Wahrnehmungskreis die einzig mögliche Wirklichkeit beilegen wollen?

In der Tat gibt es hyperästhetische feinfühlige Personen, die noch tiefere und höhere Töne, noch ultrarote und ultraviolette Licht= strahlen wahrnehmen. Die Tahoas in Indien können sogar spektro= skopisch sehen. In Australien unterhalten sich einander begegnende Schwarze noch, wenn sie längst in entgegengesetzter Richtung fort= wandern und der begleitende Europäer einen Monolog zu hören meint. Ungefähr ein halbes Kilometer nennt der Kalmücke eine Hörweite, denn auf solche Entfernungen ist ihm menschliche Rede ohne Stimmenverstärkung verständlich. Kirgisische Mütter pflegen ihren Kindern die Ohrmuscheln auszuweiten, damit sie dereinst durch besseres Auffangen der Schallwellen besser ins Leben passen. Aimara= Indianer finden sich in finsterer Nacht zum Lagerplatz zurück durch den Geruch der Fluren, von dem der stumpfsinnigere Weiße gar nichts spürt. Australneger werden gern in die austral=englische Polizei eingestellt wegen ihres feinen Witterungsvermögens, um Schafdiebe aufzutreiben und einzuholen.

Eine großartige Späherleistung wurde seinerzeit von einem rosse= weidenden Kalmücken auf der ciskaukasischen Steppe erzielt, der die Russen vor einem feindlichen Überfall bewahrte, indem er den auf= wirbelnden Staub eines heranziehenden Heerhaufens auf 30 km Ferne erkannte, d. i. die Entfernung Potsdams vom Ostende Berlins. Der langbeinige Patagonier unternimmt Erholungsspazier= gänge von mehr als 60 km usw.

Diese vor erwähnte beneidenswerte Sinnesschärfe wurde tellu= risch gezüchtet, weil zum Erspähen der Jagd= oder Räuberbeute, zum lebenrettenden Heimfinden zu den Seinen in menschenöden Ländern

alle Sinne im alltäglichen Daseinskampf zur entscheidenden Mit=
wirkung berufen sind.

Die Schärfung unserer Sinne auf zunächst natürlichem Wege ist
auch ein Grundprinzip aller magischen Schulen. Prof. Dr. O. Caspari
sagte: „Unser Inneres, mit dem wir uns im Bewußtsein identifizieren,
sieht zunächst nur wie das Auge im Kaleidoskop in die Spiegel der
5 Sinne, und in diese Spiegel fallen nun erst alle Bewegungen
und Reize der Außenwelt, wie die Strahlen der bunten Steinchen,
die vor den Spiegeln am Kaleidoskop angebracht sind. Wie vielen
Täuschungen sind wir in dieser Sachlage bezüglich der vielen feineren
Reize unterworfen, die nicht in die Spiegel der Sinne und nicht
in das Auge der Seele fallen! Wir stehen mit unseren 5 Sinnen
und dem Hilfsmittel unseres Gehirns daher nur auf einem sehr
begrenzten Standpunkt dem gesamten Universum gegenüber, und es
ist gar nicht anders als im Getümmel und Volksgewühl eines großen
Jahrmarkts, in welchem wir uns an einer Stelle befinden, die nur
etwas höher gelegen ist, um einen Umblick zu gewinnen, als der
Gesichtspunkt der Tiere. Schauen wir von dem Podium unseres
Geistes und Gehirns hinaus, so erkennen wir nur das, was in
unserer nächsten Nähe vorgeht, und selbst hier wird uns vieles
entgehen, weil unsere Aufmerksamkeit und der Umfang der Sinne
sich nicht simultan auf alle Vorkommnisse zu richten imstande sind.
Aus der Ferne aber tönen uns nur halb verstandene Rufe entgegen,
und der Hintergrund verschwimmt im unendlichen Gewirr der
Reize und Bewegungen, aus denen wir nur die Ohnmacht unserer
Erkenntniskraft entnehmen. Durchdenken wir das Beispiel richtig,
wie himmelweit ab befinden wir uns alsdann von den Einbildungen
der Materialisten und Spinozisten, welche erkenntniskritisch eben
diesen Standpunkt, bevor sie zu denken beginnen, nicht beachten und
deshalb im Sinne einer Philosophie, wie sie Kant in kritischer
Hinsicht anbahnte, nur naiv und kurzsichtig bleiben.

Unverstandene Erfindungen übten auf Unwissende und Un=
eingeweihte stets einen magischen Zauber aus, und die Erfinder
und Entdecker neuer Naturkräfte wären somit „moderne Magier".

Seltsame Entdeckungen großer Physiker leuchten sofort ein, je mehr
man Okkultist geworden ist, und mit Hilfe anderer erkannter Phänomene
läßt sich ein praktischer Nutzen für Magier sehr leicht daraus formen.

Das Lächerlichmachen sogenannter „Gebildeter", die mystische Geschehnisse gern mit Ammenmärchen vergleichen und in der Bekämpfung des Spiritismus nur die beiden Extrema sogenannter mediumistischer Erscheinungen kennen, nämlich „Betrugshypothese oder Geistertheorie", fällt für wirkliche Okkultisten und für Magier gar nicht ins Gewicht, denn hätten diese Drachentöter das streitige Gebiet genauer kennen gelernt, so wüßten sie auch, daß dazwischen noch andere Lehrmeinungen stehen; z. B. die Hypothese vom mag= netischen Fluidum („Od" des Professors Reichenbach; „Anthropin= duft" des Professors Jäger; „psychical force" des Professors Crookes). Ferner die von Eduard von Hartmann ausgebaute Halluzinationstheorie, sowie die hypnotische Suggestion.

Der dänische Kaufmann Hansen lenkte die allgemeine Auf= merksamkeit zuerst auf den Hypnotismus, und trotzdem dagegen gewütet worden ist, ist aus manchem- Saulus sobald er sich mit der Sache eingehender beschäftigte, ein Paulus geworden. Hat nun tatsächlich jemand offen erklärt: „Weil ich durch Hypnotiseure betrogen worden bin, darum muß der Hypnotismus ein Betrug sein", so könnte man ebensogut behaupten, das ganze Papiergeld sei ein Betrug, weil es falsche Scheine gibt.

Viele Erscheinungen des Hypnotismus bieten völlige Analogien mit den Phänomenen des Spiritismus, so daß wohl nur auf dem Gebiete der Suggestionserscheinungen der Weg zur Enträtselung der „Magie" liegen kann.

Um dieses etwas verständlicher und einleuchtender vorzuführen, müssen wir uns mit einigen psychologischen Experimenten vertraut machen und damit die Technosophie kennen lernen. Schon vor über 10 Jahren hatte Professor E. Kapp in seiner „Philosophie der Technik" nachgewiesen, daß die Erfinder unbewußterweise nach „Organprojektionen" der Natur arbeiten. Z. B. ist die photo= graphische Kamera ein Nachbild des Auges, die Saiteninstrumente sind eine Anlehnung an das Corticellische Ohrlabyrinth, Mikrophon und Telephon eine solche der Gehörknöchelchen und des Trommelfells, und auch das Spektroskop ist eine Organprojektion des „sechsten Sinnes" der Tahoas.

Die Professoren Culmann und von Meyer in Zürich fanden in den Durchschnitten des menschlichen Knochennetzwerks das mathematisch genaue Vorbild für die graphische Statik auf, wonach alle Eisenträger-Konstruktionen gebildet werden, ferner zeigen die Heilungen gebrochener Knochen im Netzwerk dieselben Versteifungen, die ein Ingenieur im gleichen Falle anbringen müßte.

Diese „analytische Organprojektion" zeigt umgekehrt den Weg, auf welchem dunkle Gebiete der Technik und Wissenschaft durchforscht werden können, nämlich die synthetische Organprojektion. Diese Disziplin der bewußten Naturnachahmung gegenüber einer rein spekulativen Philosophie darf man getrost als praktische Erkenntnis-theorie im Sinne Casparis (Professor in Heidelberg, erstrebt Ver-ständigung der idealistischen Philosophie mit der modernen Natur-wissenschaft) ansehen, und dieselbe „Technosophie" nennen.

Wir haben bereits Telephonie und Telegraphie ohne Draht und mittelst solcher Fernmitteiler eine Art „telepathischer Sympathie" der nüchternen Praxis dienstbar gemacht. Wird nun auch die sogenannte Volkstelepathie der „klingenden Ohren" nicht allgemein anerkannt, so besitzt der Mensch damit aber doch ein Organ der Fernwirkung. Denkt man lebhaft an eine liebe Persönlichkeit und ist geistig ganz bei ihr, so wird dieselbe irgendwie beeinflußt werden, falls sie für eine derartige Einwirkung überhaupt aufnahmefähig ist. Klingen unsere Ohren, so schließe man die Augen und verhalte sich ganz passiv, es wird uns dann um so leichter das geistige Bild der lebhaft an uns denkenden Person vor die Seele geführt, vielleicht kommt uns auch irgend ein Gedanke, der in Wirklichkeit mit dem jener Person übereinstimmen wird.

Sind wir von einer organischen Resonanz zwischen gleich-gestimmten Nervensystemen überzeugt, so wird auch die lange ange-zweifelte Telepathie bei uns Tatsache sein, die auch dem Elektro-techniker keineswegs mehr „übernatürlich" erscheinen kann, da sie auf strahlender Elektrizität beruht.

Man bekommt mitunter einen Athleten zu sehen, der selber vielleicht 1½ Zentner wiegt, aber dabei 3 Zentner aufzuheben und damit obendrein zu manipulieren vermag. Überzeugen wir uns von der Gewichtswirklichkeit, so scheucht die gesehene Tatsache jeden Zweifel weg. Daß dieses Schauspiel in Verbindung steht mit Auf-hebung der Schwerkraft, mit der Möglichkeit, über ein Wasser hinweg zu schreiten oder in der Luft zu schweben, daran denkt fast kein

Mensch, und skeptische Scholastiker zucken gern überhebend die Achsel, wenn hiervon gesprochen wird.

Wir wissen, daß jeder Magnet, jedes elektromagnetische Solenoïd einen Eisenkern emporreißt, und diese eben angedeuteten Wunder haben mit der der Gravitation entgegengesetzten Kraft am anderen Ende der physikalischen Kräftereihe *), mit dem Magnetismus gewisse Verwandtschaft.

Die „organische Resonanz" in Verbindung mit der „Dienst= barmachung der Gravitationsstrahlung" dienten bereits zur okkul= tistischen Experimentalforschung und erklären technosophisch viele mediumistische Phänomene. Der Freiherr Dr. Carl du Prel wollte derartige Phänomene wie z. B. Tischrücken, Klopftöne, Gegenstände= heben, automatisches Schreiben usw., nicht als ein spiritistisches Problem, sondern als ein psychologisches betrachtet wissen, denn seine Ausführungen bewegen sich im Rahmen folgender Sätze: „Alle Magie ist Fernwirkung des Gedankens oder Willens. Diese bedürfen aber, um übertragen zu werden, eines physikalischen Vehikels."

So recht ich diesem wissenschaftlich bedeutendsten Vertreter der Geisterhypothese nun auch gebe und mich auf dessen Seite begebe, betrachte ich das meist in diesem Kapitel Gesagte als zur Technosophie der Gegenwart gehörig, wozu außerdem Suggestionen, Inspiration, Transformation, Materialisation sowie Spuk= und Geistererscheinungen gehören, weil eine derartige Tatsache auch natürlich zu erklären sein dürfte.

Jedoch in derartigen Erscheinungen spiegelt sich sehr oft die Astralwelt ab und ihr Dasein gibt sich in dergleichen Kundgebungen wieder. Nur durch Vermittlung der Astralwelt wird uns über= irdische Hilfe zuteil oder können „unsichtbare Helfer" höherer Ebenen erst auf uns einwirken. Vermittelst unserer Gedanken bilden wir Elementarwesen auf dieser Astralebene, die dann auf uns wie auf andere einzuwirken vermögen.

Der Hungerkünstler Succi sagte diesbezüglich: „Mein Hungern ist nichts als eine Suggestion, die ich nicht einmal mit Recht eine Autosuggestion nennen könnte, denn das Hungern und mein jeweiliges

---

*) Bestehend aus: Gravitation, Bewegung, Akustik, Wärme und Licht einerseits und Elektrizität und Magnetismus andererseits.

Verhalten während desselben wird mir suggeriert von einem außen=
stehenden Wesen, das ich nie gesehen habe, dessen Dasein ich aber
fühle, und das mich meines Ichs gleichsam entkleidet und mit seinem
Willen, seiner Kraft, seinem Geiste erfüllt. Ich bin, wenn ich faste,
nicht der Succi, der ich sonst bin, nein, ich bin das willenlose
Werkzeug eines Geistes, der stärker ist als ich. Ganz eigentümlich
ist es, wie dieses außerhalb meines Ichbewußtseins stehende und
mich mit seinem Willen völlig umflutende Wesen mir mein Verhalten
während des Fastens suggeriert. Ja, etwas Geheimnisvolles liegt
sicher darin, und wir werden dadurch an jene Märchen von den
Fakiren erinnert, die keine Märchen sind; von jenen Fakiren, die
sich lebendig begraben lassen und nach 40, 50, 70 Tagen wieder
lebendig und bei vollem Bewußtsein ausgegraben werden. Ich habe
das Beispiel der Fakire — an das ja auch noch viele nicht glauben —
absichtlich angezogen, und zwar weil es nicht nur mit meinen Hunger=
versuchen eine gewisse Analogie hat, sondern in der ursächlichen
Erscheinung damit identisch ist. Ich könnte mich ebensogut auf Wochen
hinaus begraben lassen, wie ich Wochen und Monate hungere."

Irgendein Einwirken aus astraler Ebene ist es auch, wenn
man im Schlafe Arbeiten verrichtet, von denen man sich im wachen
Zustande nichts hat träumen lassen; vielleicht entstanden auf diese Weise
auch die vielfach angefeindeten „Mahatma=Briefe" der somnambulen
Frau Blavatsky, der Stifterin der „Theosophischen Gesellschaft".

Derartige Erscheinungen werden auch durch unser Doppel=
bewußtsein, das Tagesbewußtsein und das Unterbewußtsein, zu erklären
versucht. Wird unser Tagesbewußtsein eingeschläfert, so erwacht quasi
unser Unterbewußtsein, und auf dieser Klaviatur vermögen dann nicht
nur Hypnotiseure, andere Menschen mit starkem Willen, sondern auch
Astralwesen zu spielen, sodaß unser Körper mit schlafendem Tages=
bewußtsein das tut, was jene denken und wollen.

Aus diesem Grunde umgibt man sich praktisch vor dem Ein=
schlafen mit der Willensaura, daß uns während der Schlafenszeit
keine schlechte Gedanken eingeflößt werden, daß gehässige Gedanken
auf ihre Aussender zurückkehren und daß uns nichts zustoße. Es ist
dies das bewußte Gebet frommer Seelen, denn diese bitten um
Schutz und Schirm Gottes und bilden damit indirekt die geistige
Mauer um sich und ihre Lieben herum.

Würden die Menschen sich zu einer höheren Weltanschauung entschließen, so würden sich alle sozialen Ver-
hältnisse von selbst anders und besser gestalten. Solange
aber unsere Weltverbesserer selbst keine Selbsterkenntnis
besitzen, gleicht die Welt einem Narrenhause, in welchem
derjenige, welcher sich für den Doktor hält, nicht der geringste
Narr ist. Da ist alles nur auf die Befriedigung des
Egoismus des einzelnen oder der Klassen berechnet, und
was dem einen Vorteil bringt, ist dem andern zum Nachteil.

Aus Dr. Franz Hartmanns Briefe: „Die weiße und die schwarze
Magie oder das Gesetz des Geistes in der Natur".

VI.

Aus eigenster Erfahrung kann ich den Anhängern meiner
theosophisch-okkultistischen Lebensauffassung zurufen: Es ist nicht gut,
wenn der Mensch von sich selber gering denkt, nie recht an seine
Leistungsfähigkeit glaubt und sich so wenig zutraut, daß er bei
jedem Werke, das er zu beginnen gedenkt, sich zugleich mutlos zuruft:
„Ich bringe es doch nicht zu Ende, mir fehlt die rechte Befähigung
dazu." Wer in einer Kleinstadt seine Existenz ohne Vermögen zu
begründen gedenkt, wird in seinen Bestrebungen oftmals die schwere
Übermacht der Mutlosigkeit empfinden oder heranrücken sehen, insbesondere wenn sich deren Hilfstruppen: die spießbürgerliche Gehässigkeit, Verleumdung, Kleinheit, ja Gemeinheit schon als Sieger
protzig breit zu machen sucht; dann ist der Tod willkommen, aber
ein guter Wille zog unsichtbare Helfer und astrale Hilfskräfte herbei,
die alle Anfeindungen zu Schanden machten und dem ehrlich-ernst-
lich Wollenden ihre Kräfte zur Verfügung stellten. Dann wäre
es aber töricht und gefährlich wiederum, wollten wir unser liebes
„Ich" zeigen und damit sagen: Was wir beginnen, gelingt, und
was · wir unternehmen, ist tadellos. Wer sich überhebt, ist schon
gefallen, und seine Werke, seine etwaigen Schöpfungen zu Ende

gebracht, damit für das Beste hält, was überhaupt in der betreffenden
Branche geschaffen werden konnte, befindet sich auf dem abschüssigsten
Holzwege, den es nur geben kann. Dieses kann man sehr oft
beobachten, wenn ein Glücksjäger sich überhebt, seinen Kindern ver=
schrobene Ansichten eintrichtert, insbesondere: was sind wir!
Der arme Teufel wird früh genug erfahren, daß alle seine Errungen=
schaften mit den Kindern wie Staub im Winde verfliegen werden.

Ein Mensch soll mit Mut und Energie an die Arbeit gehen,
zu der seine Berufspflicht ihn führt, aber er soll auch nicht vergessen,
strengste Selbstkritik zu üben. Der Vollkommenheit sind wenige
unter uns nahe, ganz gleich, auf welchem Gebiete wir uns bewegen
nnd wer immer zufrieden ist mit dem, was er leistet, der bleibt
auf dem Standpunkt stehen, auf welchem er sich befindet; in den
meisten Fällen geht er jedoch damit rückwärts. Das schönste Talent
verkümmerte schon, weil das Gift der Selbstvergötterung sich in
seine Ausnutzung mischte. Wer sich schon zu Beginn irgendeiner
Künstlerlaufbahn entzückt sagte: „Meine Arbeiten gehören zu den
besten!", dem steht schon auf der Stirne geschrieben, daß er sich
nie über die Mittelmäßigkeit erheben wird. Doch es ist. nicht leicht,
Selbstkritik zu üben, wie unschwer es auch ist, anderer Schaffen
mit dem Seziermesser der Rezension, des einfachen Urteils zu zer=
stückeln, und wenige Menschen gibt es überhaupt nur, die in dieser
Beziehung verstehen, gerecht zu sein. Menschlich ist es, uns über
das zu freuen, was wir schufen. Aber in des Menschen Natur
liegen viele Fehler, gegen die wir kämpfen sollen mit dem Auf=
gebot jener Kraft, die auf uns als das Erbteil der Gottheit ge=
kommen ist.

Will es mitunter nicht so gehen, wie es gehen soll, sucht ein
kleinstädtischer Redakteur unsere Werke lächerlich zu machen oder
glaubt irgendein Lehrer irgendeiner Schule in seiner übermaß=
gebenden Schulweisheit unsere Arbeiten angreifen zu müssen, so
darf man darum keineswegs verzagen, und selbst, sollten die Tage
unseres Lebens traurig und leer dahinschleichen, dann ist es Zeit,
mit der alten vermodernden Lebensauffassung Schluß zu machen und
mit dem Studium einer höheren Weltanschauung zu beginnen.
Nach einiger Zeit werden uns schöne und neue Gedanken kommen,
die Sonne scheint leuchtender denn je, die Sterne am nächtlichen

Himmel reden deutlicher als je zuvor, und wir brauchen die uns
verachtende und uns doch scheuende Gesellschaftssippe nicht mehr.
Allerdings müssen wir das Einleuchtende vom Nichtverstandenen
mißtrauisch trennen, das heißt für uns allein, und das Nicht-
verstandene kennen zu lernen suchen. Alberne Menschen zeigen gerade
damit ihre eigene Dummheit anderen, weil sie sich über Nicht-
verstandenes erregen und dieses dann kurzer Hand nicht gelten
lassen wollen.

Dem Magier stehen zwecks seiner Verteidigung gegen Ver-
leumbung und derlei auch noch mächtige Mittel zu Gebote, um
derartigen Leuten mit Lähmungen, Unheil usw. entgegenkommen
zu können.

Hat man im Okkultismus das Stehen gelernt, so folgt das
Gehen und dann das Laufen, denn auch hierbei ist Stillstand —
Rückgang. Erworbene Kräfte und Mächte stehen uns immer mehr
zu Gebote, welche wir im allgemeinen zum Wohle anderer Menschen
anzuwenden haben, werden wir aber angegriffen und wollen wir
nicht unterliegen, so zwingt uns die Notwehr, unsere astralen Waffen
zum Nachteil unserer Feinde zu gebrauchen.

Mit Beispielen diene ich nur vorgeschrittenen Schülern.

Was man sein möchte, sein will oder bereits geworden ist,
dem muß man sich auch ganz hingeben, einen diesbezüglichen Willen
stärken uns ständig die selbstgeschaffenen Elementars, und sind wir
edel und groß angelegt, so helfen uns auch die auf physischer
Ebene unsichtbaren Helfer mehr denn je. Man sagt: „Wenn die
Not am größten, ist Gottes Hilfe am nächsten!" Dieses Sprich-
wort beweist, daß derartige Hilfespendung keine Seltenheit ist, und
für den Kenner, daß jene erhabenen Wesen höherer Welten uns
näher sind, als wir denken.

Jeder Schüler okkultistischen Wissens wird häufig Gelegenheit
haben, Trost und Beistand spenden zu dürfen, und dieses erhabene
Gefühl, etwas Gutes geleistet zu haben, wird ihn heben und weiter
vorwärts bringen. Auch lasse sich niemand durch Enttäuschungen
entmutigen, denn ein Leben ist fast kein Leben, und wir haben noch
so viele vor uns, hier auf diesem Planeten oder auf jenen, die uns
so oft ihr Dasein leuchtend verkünden. Glückt es erbärmlichen
Kreaturen auch oftmals, so ist deren endliches Verderben doch gewiß,

in welcher Hinsicht uns der Psalm 37 Trost zu spenden vermag, sind wir allein und auf uns selber angewiesen.

> Am Himmel stehen viele Sterne *),
> Doch alle sehen wir sie nicht,
> Es braucht oft viele tausend Jahre,
> Bis auch zur Erde dringt das Licht.
> So wandeln auch im Volke Geister,
> Von ihrer Zeit ganz ungeseh'n,
> Erst spätere Geschlechter lernen
> Bewundernd ihren Glanz versteh'n!

In dieser Hinsicht wird es von Interesse sein, einige markante Beispiele vorzutragen, wie sich die Menschheit gegen das Neue, das sie noch nicht verstand, benommen hat: Nikolaus Coppernicus (Kopernikus) wurde, als er 1543 mit seiner Lehre eines neuen Weltsystems auftrat, von der Wissenschaft und der Kirche verdammt. Der Arzt Harvey trat mit seiner Theorie des Blutumlaufs 1628 auf und hatte damit alle seine Kollegen zu Feinden gemacht, die ihn obendrein als einen Narren verschrien. Fulton, der Erfinder des Dampfschiffes, wurde von der Wissenschaft für einen Visionär erklärt. Benjamin Franklin wurde 1752 in der Londoner Akademie, als er einen Vortrag über den Blitzableiter hielt, ausgelacht. Galileo Galilei wollte den Professoren von Florenz die von ihm entdeckten Jupitermonde zeigen, aber die Herren weigerten sich, auch nur durch das Teleskop zu sehen, weil die Unmöglichkeit solcher Monde wissenschaftlich klar sei rc.

Diese alte wackelige Festungsmauer der wissenschaftlich=unwissen= schaftlichen Blindheit und Anmaßung ist noch teilweise stehen geblieben, wird aber doch umfallen müssen und dann dem Erdboden gleich gemacht werden, weil neues Leben immerfort aus den Ruinen wieder hervorzukeimen pflegt. Langsam und sicher eröffnen sich analog auch die übrigen Gebiete der Geheimwissenschaften und fallen damit einer würdigen Forschung anheim. Viele Gelehrte der Gegenwart weigern sich, wie ihre Kollegen in Florenz seinerzeit, durch das Teleskop der Möglichkeit, Vernunft und Überzeugung zu schauen und die nach dem System ihrer Wissenschaft unmöglichen Phänomene zu untersuchen.

---

*) „Geister und Sterne." Aus Max Bewers „Künstlerspiegel". Goethe= verlag, Laubegast=Dresden.

Aber jede Idee hat noch immer drei Stadien durchzumachen:
1. das der Ableugnung,
2. das des Kampfes und

3. das der Anerkennung. { a. schüchternes Entgegenkommen,
b. maßlose Überschätzung,
c. richtige Wertschätzung.

Jetzt wollen wir einige Kenntnisse der Magie etwas näher besprechen, wer jedoch den einen oder anderen Wissenszweig näher kennen lernen will, muß sich die hierzu nötigen Spezialbücher anschaffen und das Fehlende oder das Erwünschte daraus zurechtsuchen.

a. Über den Hypnotismus.

Es gibt heutzutage ungemein viele Lehrbücher über den Hypno= tismus, weshalb hierüber kurz gesagt werden kann, daß der hypnotische Schlaf Erscheinungen des menschlichen Doppelbewußtseins hervorkehrt und der Wille und die Vorstellung des Menschen im tagwachen Bewußtsein frei, aber während der Hypnose vollständig dem Willen des Hypnotiseurs unterworfen sind; der Letztere kann dann das Medium zur Ausführung beliebiger Handlungen veranlassen. Unter dieser Voraussicht wird also kein Schüler des Okkultismus sich der= artigen Vorstellungen oder Anlockungen zur Verfügung stellen. Gefährlich könnten posthypnotische Befehle werden.

Ein Medium kann auch vermittelst der Hypnose in den Zustand des Hellsehens versetzt werden, was sich eventuell auf die Erkenntnis der inneren Organe des eigenen Körpers und ihrer Funktionen (Autodiagnose) zu erstrecken vermag, ferner auf die Erkenntnis des Verlaufes ihrer Krankheit (Prognose) und endlich auf die Erkenntnis der hierfür dienlichen Heilmittel (Heilmittelinstinkt). Ein weiteres Phänomen ist das Hellsehen der Somnambulen, ferner die sogenannte Levitation, eine Erscheinung, nach welcher das Naturgesetz der Schwere für den Körper keine Geltung zu haben scheint, die gelegentlich bei Sitzungen vorkommt, aber öfter bei Jogis im Orient. Kommt dieses bei einem Medium in einer spiritistischen Sitzung vor, so ist es nicht ausgeschlossen, daß dasselbe einfach von „Geister"= händen aufgehoben wird. Der okkulten Wissenschaft ist aber ein Mittel bekannt, die Schwerkraft zu neutralisieren und selbst ins Gegenteil zu kehren. Die Luftschiffe Altindiens und von Atlantis konnten mittelst Anwendung dieses Geheimnisses leicht genug gemacht werden, um sich von der Erde zu erheben und ohne Schwierigkeit bewegt und gesteuert werden zu können, ebenso wird diese geheime Naturkraft bei Hebung enormer Steinblöcke, sowie beim Bau von Zyklopenmauern und Pyramiden Verwendung gefunden haben.

Bezugnehmend auf erwähnten Somnambulismus sei noch erklärt, daß es einen natürlichen und einen künstlichen gibt, der letztere kann mittelst Hypnose hervorgerufen werden. Der natürliche Somnambulismus zeitigt die sogenannten „Schlafwandler", auch „Mondsüchtige" genannt, welche des Nachts im Schlafzustande sich aus ihren Betten erheben und umhergehen, ja sogar an senkrechten glatten Mauern emporklettern und auf Dächern umhersteigen.

Ein Okkultist, welcher Magie betreibt, wird seine Willenskraft so gestählt und geschärft haben, daß er mittelst derselben andere zwingt, etwas zu tun oder zu lassen, eventuell auch auf große Entfernungen*), und zwar im Rahmen der Verantwortlichkeit, zu welcher er vor seinem höheren Richter verpflichtet ist. Das Letztere geschieht im eigensten Interesse, entzieht er sich dieser Verantwortung, so neigt er damit zur „schwarzen Magie". Sehr häufig bringen wir ohne Absicht das kleine Kunststück mittelst unseres Willens fertig, wenn wir vielleicht die Absicht haben, am folgenden Morgen früh zu verreisen, und am Abend vorher den Willen in uns ent=, wickeln, ja nicht die Zeit verschlafen zu wollen; wir werden regel= mäßig pünktlich erwacht sein.

Jeder voll entwickelte Gedanke eines Menschen geht in die innere Welt ein und wird durch Verschmelzung mit einem Elementar= wesen ein selbständig tätiges Wesen, das uns zu demselben Ge= danken immer von neuem anregt. Ein guter Gedanke wird somit zu einer wohltätigen Macht, ein böser zu einem unheilbringenden Dämon. Der Magier bringt diese Gestalten mit Bewußtsein zur Entfaltung; unwissende Menschen lassen sie links liegen, ohne zu wissen, was sie tun.

Die astrale Welt ist gedrängt voll von niederen Geisteswesen, ähnlich denen, welche sich Einlaß in den Begierdenleib eines

---

*) Mitunter vollführt ein Mensch irgend eine Handlung oder Tat und frägt sich nachher selber, wie er überhaupt dazu kommen konnte oder dazu fähig gewesen sei.   Der Verfasser.

Menschen verschaffen und auch den weniger kunstvollen Begierdenleib niederer Tiere bilden.

Vermittelst seiner Gedanken tritt nun der Mensch in un= mittelbare Beziehungen zu jenen Geisteswesen niederer Ordnung und vermittelst ihrer bildet er um sich ständig Kreise, bestehend aus all den Dingen, die ihn anziehen oder abstoßen. Durch seinen Willen, seine Gemütsbewegungen, seine Begierden beeinflußt er diese zahl= losen Wesen, welche einen empfänglichen Boden für alle die Gefühls= äußerungen bilden, die er ununterbrochen nach allen Richtungen aussendet. Sein eigener Begierdenleib bildet die Vorrichtung, durch welche die von auswärts kommenden Schwingungen zu Gefühlen vereinigt und ebenso die innerhalb entstehenden Gefühle zu Schwin= gungen auseinander gezogen werden. Unsere Gedanken sind also unsere schöpferischen Kräfte in uns, die wir wie einen Brennspiegel auf einen Punkt konzentrieren müssen, um irgend einen Erfolg durch sie zu zeitigen.

Sollte hier jemand fragen: „Was hat das denn mit dem Hypnotismus zu tun?" so muß ich den so fragenden Interessenten auf meinen 7. Brief der theosophischen und okkultistischen Studien verweisen und hierbei noch erwähnen, daß Hypnotismus eine Willens= beeinflussung ist und jedermann in gewissem Sinne ein praktischer Hypnotiseur sein kann, weiß er unter allen Umständen seinen Willen durchzusetzen, ohne gerade an ein eigensinniges Festhalten seiner Meinung zu denken.

Je leichter der Hypnotiseur seine Patienten in Schlaf zu versetzen vermag, ein um so besserer Magnetiseur wird er sein; aber hier im Rahmen der „Magie" wollen wir als Folge unseres in Schulung genommenen Willens Erfolge und Taten sehen, und zwar bei anderen Menschen, ohne daß wir gerade ständig mit diesen in Berührung kommen.

Ein einziger derartiger Beweis erfreut und ermutigt uns mehr als das Beifallsgeklatsch einer großen Menge, und in diesem Vermögen der „Unscheinbare" zu bleiben, das gehört zur höheren Magie!

---

b. Über Astrologie.

„Astra inclinant, neque tamen necessitant." („Die Sterne machen geneigt, aber sie zwingen nicht.")

Die Grundlage der Astrologie ist die Idee der Herrschaft der Gestirne über den Menschen und ihr Hauptzweck die Erkundung des menschlichen Schicksals aus den Sternen. Aber von allen Geheimwissenschaften ist die Astrologie wohl eine der ältesten und wurde am frühesten systematisch ausgebildet. Sie stand in innigem Zusammenhange mit der esoterischen Zahlenlehre und Harmonik der Pythagoräer, sowie mit allen älteren griechischen und morgenländischen Geheimwissenschaften und Mysterien; insbesondere bildete die Astrologie auch einen integrierenden Bestandteil der altsemitisch-hebräischen und chamitisch-altägyptischen Weisheitslehren und heiligen Überlieferungen. Der Grund, weswegen die Astrologie ihren Ruf vollständig eingebüßt haben mag und auch heute noch fast allgemein als Aberglaube verlacht wird, liegt hauptsächlich darin, daß ihr Wesen und die Basis, auf welche ihre Lehren sich stützen, mißverstanden wurden. Nachdem die immer weiteren Entdeckungen der Astronomie dargetan, daß alle Himmelskörper dieselben Bestandteile, dieselbe Beschaffenheit wie unsere Erde haben, nur in weiter oder geringer fortgeschrittener Entwicklung, wies man einen Einfluß der Gestirne auf die Ereignisse unserer Welt oder gar auf die Schicksale einzelner Menschen zurück und erkannte den Mißverstand einer törichten Lehre, daß in den Sternen die lebendig wirkende Kraft liege, um die Weltgeschichte und das Glück oder Unglück des einzelnen zu beeinflussen. Im Gegensatze hierzu geht die wahre Astrologie von dem Prinzipe aus, daß alles und jedes — da es nichts Gleichgültiges und Zufälliges in der Natur gibt — nach einem ewigen einheitlichen und die ganze Welt umfassenden Naturgesetze geordnet ist, entsteht und zu immer neuen Existenzformen fortschreitet; daß dasselbe Gesetz sich im großen wie im kleinen wiederfindet und daher jedes Ereignis im einen sein vergrößertes, im andern sein verkleinertes Spiegelbild haben muß. Wenn uns nun auch das vollständige Verständnis dieses einen Gesetzes, das die Harmonie des Alls regiert, in unserem gegenwärtigen Zustande verschlossen ist, so finden wir doch, je mehr wir forschen und entdecken, immer weitere Anhaltspunkte

für dasselbe in allen einzelnen Zweigen unseres Wissens. Der
Mikrokosmos ist das Spiegelbild des Makrokosmos, und der Mensch
ist so im kleinen, wie das Weltall im großen; für beide gelten
gleiche Gesetze, und beide sind der Ausdruck desselben Prinzips oder
Grundwesens. Vermögen wir nun die entsprechenden Züge dieses
einheitlichen Bildes im großen wie im kleinen zu verstehen und zu
erkennen, so werden wir auch das, was jedem einzelnen Menschen
oder größeren Gruppen oder der Menschheit als ganzem zugeteilt
ist, im einzelnen oder in größeren Teilen oder im ganzen des All
wiederfinden; und wer diese Gesetze kennt, wer die symbolische
Sprache der Natur richtig deutet, der wird nicht nur die Verhängnisse
des einzelnen Menschen wie die ganzer Völker darin ausgedrückt
finden, sondern auch kommende Ereignisse daraus vorhersagen können.
Hierauf allein beruht die Astrologie.

„Quidquid fit, necessario fit." (Alles, was geschieht, vom
größten bis zum kleinsten, geschieht notwendig.) Schopenhauer.

Die besten astrologischen Werke sind in alten Sprachen
geschrieben und außerdem sehr selten geworden. Betrachtet man
die Astrologen als eine Art Zauberer, so zitiere ich Kant, indem er sagt:

„Man muß nicht alles glauben, was die Leute sagen,
man muß aber auch nicht glauben, daß sie es ohne Grund
sagen!"

Aber hier in unserem Falle sind wir um so weniger berechtigt,
anzunehmen, „daß sie es ohne Grund sagen", als die geistige
Qualität dieser „Leute" eine sehr hohe und auffallende ist.

Wir finden die besten Köpfe aller Zeiten unter den direkten
Anhängern der Astrologie, und die Tatsache wird bestehen bleiben,
daß die Astrologie, mit der alleinigen Ausnahme von Astronomie,
bezüglich der Zuverlässigkeit ihrer Angaben die exakteste aller exakten
Wissenschaften ist.

Geologen können durch Mängel in der erdgeschichtlichen Auf=
zeichnung irregeführt werden; Chemiker vermögen sich infolge kleiner
Fehler in der Analyse zu irren, aber — Astrologen entnehmen ihre
Angaben den Beobachtungen, die im Interesse der Astronomie und
Schiffahrt absolut fehlerfrei sein müssen, den Ephemeriden (astrono=
mischen Tafel). Sie arbeitet sozusagen unter der Aufsicht der Astronomen,

und sie können ihre Angaben nicht fälschen, ohne sofort bloßgestellt zu werden.

Astrologie, Chiromantie, Phrenologie und Graphologie stehen in vollkommener Harmonie miteinander; sie enthüllen durch bestimmte Merkmale den Charakter, die Eigenschaften, Neigungen, Anlagen und Leidenschaften eines Menschen. Alles, was sich am Körper ausprägt, wird vom Gehirn geleitet, und jeder einzelne Mensch ist ein Teil des Ganzen, er hängt als solcher mit den Weltgesetzen zusammen, mithin steht auch das Einzelschicksal mit den Himmelskörpern in Zusammenhang. R. Falb sagte:

„Der Mond in seiner wechselnden Gestalt, der prächtige, leuchtende Abendstern, der blutrote Planet Mars oder der majestätisch in seiner Bahn wandelnde Jupiter ziehen heute kaum mehr das Auge desjenigen zu sich empor, dessen Zeit Geld ist, er trägt den Himmel an einer goldenen Kette in der Westentasche!“

Wie jede einzelne Stunde des Tages, so ist auch das ganze Jahr von einem Planeten beherrscht; dies beachtend, hätte auch Napoleon I. nicht „Venus“ als seinen Schicksalsstern proklamieren sollen, als sie im Jahre seiner Vermählung dem freien Auge zur Mittagszeit sichtbar war und er in der Rue de Tournon von dem staunenden Volke darauf aufmerksam gemacht wurde, denn der unglückverkündende Saturn war der Jahresregent. Wallenstein hat gleichfalls Unrecht gehabt, das Reich dieses Sternes Saturn vor= zeitig für zerstört zu halten. (Wallenstein und Seni.)

Als Wallenstein — im Jahre 1609 — 26 Jahre zählte, sagte ihm Kepler aus den Sternen neben anderem: großer Ehrendurst, Streben nach Macht beherrsche ihn, und es gewinne bei Merkur in Opposition zu Jupiter den Anschein, als werde er „sich einmal von einer Rotte so malcontant zu einem Haupt= und Rädelsführer aufwerfen lassen“. Gefährlich seien das 20., 40. und 70. Lebens= jahr. In „Die Seele und die Sterne“*) vom englischen Astrologen A. G. Trent, bemerkt hierzu der letztere: „Kepler vermochte den Tod seines Gönners Wallenstein nicht vorherzusagen, trotzdem er die genauen Daten besaß, denn er konnte nicht wissen, daß der bis dahin unentdeckte Uranus gerade aufging.“

---

*) Leipzig, Verlag von Max Altmann.

Wallenstein war am 23. September 1583, 4 Uhr 30 Minuten geboren, er zog 1617 gegen Venedig, warb mit des Kaisers Erlaubnis 1625 das Heer von 20 000 Mann, besaß später 40 000, suchte 1633 offiziell eine eigene Machtstellung und ward am 25. Februar 1634, 50 Jahre alt, ermordet.

Wenn eine astrologische Deutung, ganz nach deren Gesetz= mäßigkeit durchgeführt, eine richtige, nicht vorherzusehende Prognose liefert, so genügt das für den Philosophen völlig.

Campanella stellte am 6. September 1638, am Tage nach Ludwigs XIV. Geburt, diesem das Horoskop. Richelieu hatte ihn auf Veranlassung der Eltern (Ludwig XIII. und Anna von Österreich, vermählt 25. Oktober 1615) wegen seines astrologischen Rufes aus dem Kerker zu Mailand kommen lassen, in welchen er wegen seiner „Schwarzkunst" gebracht war. Nachdem Campanella das Kind nackt gesehen, stellte er zweimal das Horoskop, um den ihm unangenehmen Ausspruch aufzuschieben. Gedrängt sagte er dann: „Dieses Kind wird wollüstig werden wie Heinrich IV. Es wird sehr stolz werden. Es wird eine lange, aber mühselige Re= gierung führen. Sein Ende wird kläglich sein und große Verwirrung in Staat und Kirche herbeiführen." Daß dieser Dauphin raub= süchtig werden würde, ließ sich am Körper wohl ablesen, brachte er doch die Schneidezähne mit zur Welt und zerbiß beim Trinken die Brüste der Ammen, deren er drei zur Stillung seines Durstes bedurfte. Die genannten Dinge las Campanella aber sicher nicht von der Körperform ab, auch hatte er den Ausspruch nicht im eigenen Interesse getan.

Ludwig XIV. (Louis le Grand, le Roi Soleil) ergriff nach dem Tode Mazarins (9. März 1661) das Staatsruder selbst und gründete seine Herrschaft auf das Prinzip: „L'État c'est moi" („Der Staat bin ich"). Durch königliche Gewalt griff er die spanischen Niederlande an und sicherte sich im Aachener Frieden 1667 den Besitz vieler Grenzplätze; besetzte Lothringen, eroberte die Vereinigten Niederlande und setzte durch die berüchtigten Reunions= kammern sein Raubsystem fort. Er starb am 1. September 1715, sein Reich in Zerrüttung hinterlassend.

Vermittelst der Astrologie kann man Personen, die an der Spitze einer gewissen Bewegung stehen, ein ganz präzises Horoskop

stellen. Selbstverständlich kann ich hier keine Lehrmethode über Astro=
logie folgen lassen, weil diese wichtige und interessante Wissenschaft
wiederum astronomische Kenntnisse voraussetzt. Wer aber bestrebt
ist, okkultistische Wissenschaften kennen zu lernen und in sich ein=
zuverleiben, der wird auch Astronomie und Astrologie keineswegs ver=
nachlässigen. Sollte hierbei eingewandt werden, daß die Astrologie
kein direkter Zweig okkultistischen Wissens sei, so müßte man dem
Einwender insofern recht geben, daß die Einflüsse, welche wir den
Himmelskörpern zuschreiben, „bestimmte" sind und somit keines=
wegs okkulte; werden dagegen diese Einflüsse aber „unbestimmte"
sein, wie noch vielfach angenommen wird, so gehört die Astrologie
auch hierher.

Zum Zwecke der Erkundung des menschlichen Schicksals aus
den Sternen wird nach kabbalistischer Astrologie der Himmel in
zwölf „Häuser" eingeteilt und zwar:

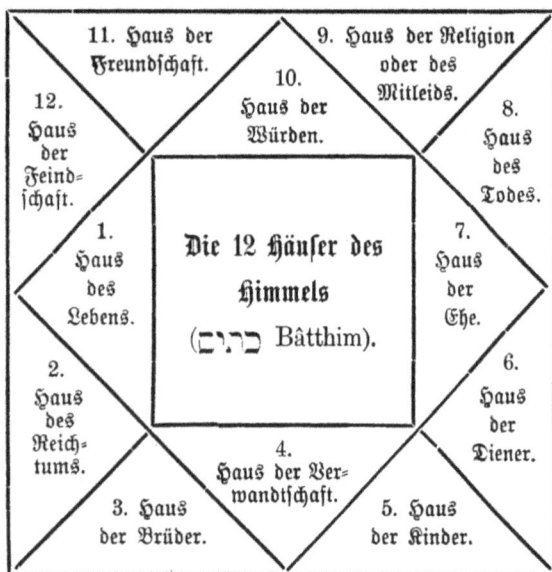

Je nachdem nun die sieben „Planeten" (Sonne, Venus, Merkur, Mond,
Saturn, Jupiter, Mars) und die Sternbilder in diesen Häusern
und zueinander stehen, wird Vergangenheit und Zukunft berechnet.

Am Schlusse meiner zum Studium der Astrologie anregenden

Ausführung bedenke man, daß seit altersher mit den sieben vor-
benannten Gestirnen gerechnet wurde, weshalb in dieser Hinsicht
deren Gesamtbezeichnung „Planeten" zu entschuldigen ist.

Hierbei wird es nicht uninteressant sein, kennen zu lernen,
daß Personen, die um Mitternacht resp. in der Zeit von 10 Uhr p. m.
bis 2 Uhr a. m. geboren werden, ein kleines Ohrläppchen, unter Umständen gar keins besitzen und teilweise unrunde Ohrformen zeigen,
während dagegen die um Mittag oder am Tage Geborenen ein
rundes Ohrläppchen und runde Ohrformen besitzen und diejenigen,
welche genau um 12 Uhr mittags geboren worden sind, fast kreisrunde
Ohrläppchen zeigen. Jeder Nachtgeborene legt ferner beim Falten
der Hände den linken Daumen über den rechten und der Taggeborene
den rechten Daumen über den linken. Man kann also aus dem
Bau der Hände sofort auf die helle oder dunkle Tageshälfte der
Geburtsstunde schließen und letztere aus dem Bau der Ohren
näher bezeichnen.

Dieses ist ein kleines Beispiel der Astrologie, welches jeder
Leser zu prüfen imstande ist. Hierbei ist nicht anzunehmen, daß
das Ohrläppchen mit dem Sonnenzustand vor der Geburt zu- und
abnehme, sondern daß schon früher und immer früher, im Uranfang,
der Grund zu dieser Begleiterscheinung liegt.

Bei der kurzen Darstellung dieses okkulten Wissenszweiges habe
ich mich möglichst bezwungen, nicht etwa langweilig zu werden,
sondern die Astrologie empfehlend voll zu würdigen und die guten
Werke der Astrologie hervorzuheben. Liest man heutzutage in
manchen Zeitungen, daß man bei dem und dem, da und da sich
das Horoskop stellen lassen könne, so wird man sehr häufig sein
Geld los werden und um eine Erfahrung reicher geworden sein,
denn auch Pseudoastrologen treten mit Halbheiten an die Öffentlichkeit, um wie Hypnotiseure und dergl. den Leser blind exerzieren
zu lassen. Wer „Magie" betreiben will, bei dem muß es heißen:
„Selbst ist der Mann!" und selber muß er die ihm fehlenden Kenntnisse suchen und in sich aufnehmen, selber muß er die Schlacken und
das Unbrauchbare verwerfen und sich selber in Wahrheit finden,
um auf eigenen Füßen fest in der Welt stehen zu können. Der
Mensch bestimmt sein Geschick selbst und wird demgemäß bei

ſeiner Reïnkarnation eine günſtige oder ungünſtige Geſtirn=
konſtellation vorfinden, und je nach ſeinen Werken und Gedanken
ſteigt oder fällt er ſchon im gegenwärtigen Leben.

c. Über Chiromantie.

Wenn man begreift, daß alles ſinnlich Wahrnehmbare ein
Sinnbild des Geiſtes iſt, ſo muß man ſich freuen, daß man auch
die alte, viel zu lange vernachläſſigte Deutung der Linien der Hand=
fläche nebſt allem, was man Chiromantie nannte, gern wieder zur
Geltung bringt. Für jeden Menſchen hat es ſeither einen eigenen
Reiz gehabt, mit übernatürlichen Dingen, die ihm wenigſtens als
ſolche erſcheinen, in Fühlung zu treten und dieſelben zu erforſchen.
Um die Mitte des fünfzehnten Jahrhunderts ſollen Zigeuner dieſe
angebliche Kunſt von den Indiern kennen gelernt und dann, daraus
einen einträglichen Erwerbszweig machend, ſie über ganz Europa
verbreitet haben.

Die Chiromantie aber iſt ſo alt wie die Welt der Kultur
und hat auf ihrem unermeßlichen Wege durch Jahrtauſende eine
unzählbare Menge von Beobachtungen geerntet; obgleich nun dieſelben
oft geheimnisvoll und beinahe abenteuerlich erſcheinen, iſt deren Wert
doch nicht zu leugnen. Sie wendet ſich an alle, ſelbſt an die Heil=
kunde, für welche ſie unbe=
ſtreitbaren Nutzen und Vorteil
verſpricht in Auffindung und
Enthüllung von Krankheiten,
welche dem menſchlichen Auge
verborgen ſind, welche aber
der geübte Chiromant aus
der Hand lieſt.

Die Chiromantie iſt
eine tägliche Grammatik der
menſchlichen Organiſation.

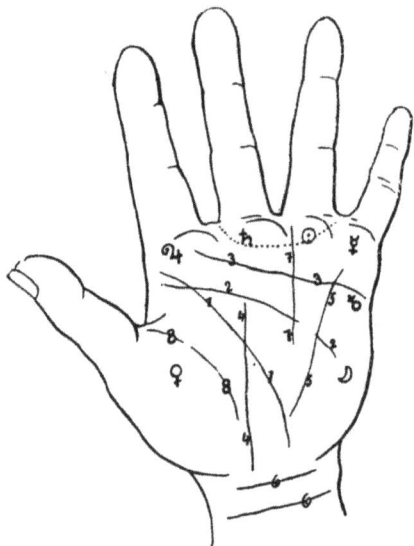

Die nebenſtehende Abbildung
zeigt die innere Handfläche einer
linken Hand.

Allgemeine Deutungen sind:

1. Die Lebenslinie. 2. Die Natur-, Haupt- (oder Geist-) Linie. 3. Die Herz- (oder auch Tisch-) Linie. 4. Die Schicksals- oder Saturn-Linie. 5. Die Gesundheits-, Leber- oder Magenlinie. 6. Die Rasceta (Handgürtel, Restricta). 7. Die Sonnen- oder Glückslinie.

Die einzelnen Teile der Hand (Handberge) werden ferner nach Gestirnen benannt: ♀ Venus = Daumen. ♃ Jupiter = Zeigefinger. ♄ Saturn = Mittelfinger. ☉ Sonne = Ringfinger. ☿ Merkur = kleiner Finger. ♂ Mars = Mittelrand unter dem kleinen Finger. ☽ Mond = unterer Rand unter dem kleinen Finger. ◡ Der Venusgürtel (Cingulum veneris).

Sollte die Lebenslinie doppelt vorhanden sein, so wird diese Schwesterlinie (8) derselben Marslinie genannt.

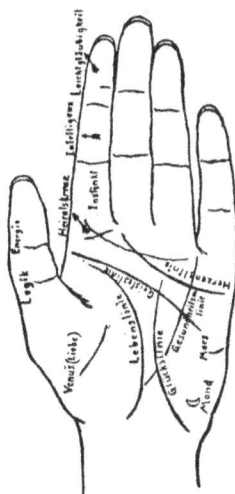

Kurze Hände: Impulsives (rasches) Urteil ohne Begründung.

Lange Hände: Fähigkeit, ins Einzelne einzugehen.

Harte, feste Hände: Energie und unbeschränkte Ausdauer.

Weiche, pappige Hände: Trägheit.

Glatte, feine Hände: Empfindsamkeit, Phantasie, Intuition.

Knochige Hände: Überlegung, Ordnungsliebe, Wissensdrang.

Der Daumen.

Erstes Glied: Energie. Zweites Glied: Logik. Drittes Glied: Liebe. Steht der Daumen mehr nach innen: Habsucht, nach außen: Freigebigkeit. „Der Daumen", sagt Newton, „würde mich von der Existenz Gottes überzeugen, wenn andere Beweise fehlten." Dies will wohl sagen, daß Gott den Menschen schuf zu seinem Ebenbilde mit Geist, Seele und Leib; und wie der Mensch eine Abbildung der großen ganzen Welt ist, so ist die Hand wiederum ein Abbild unseres Körpers, und im Handteller spiegelt sich das Lebensfeuer, welches innerlich im Menschen schlummert, mit seiner ganzen Stärke und seinem ganzen Glanze ab. Die Hand ist auch ein Abbild der ganzen Welt, da in ihr die großen Weltkörper sichtbar werden: Sonne, Saturn, Jupiter, Mars, Venus, Merkur, Mond. Der Daumen hat aber einen besonderen Wert, denn — was wäre die Hand ohne Daumen?

Desbarolles sagt, daß Leute mit großen Daumen hartnäckig sind und vom Verstand regiert werden, solche mit kleinen Daumen sind duldsam und werden durch das Herz regiert.

Der Daumen repräsentiert Willen, Logik und Entschluß, aber nicht instinktiv, sondern durch die Vernunft geleitet, in der Vernunft begründet. Idioten werden mitunter auch ohne Daumen geboren; Epileptische halten die Daumen im Krampf fest in die Finger ge= klemmt, beim Eintritt ins Erdendasein hält das Menschenkind die Hände geschlossen und oft ebenso, wenn ihm der Augenblick der Entkörperung naht. Das obere (Nagel=)Glied des Daumens befindet sich, wie auch die oberen Glieder der übrigen Finger, in direkter Verbindung mit dem astralen Licht (vibrement ou fluide) und ist deshalb göttlich! Es bezeichnet den Willen, wie um dem Menschen zu zeigen, daß der Wille alles ist und nur durch ihn alles erreicht werden kann.

Der Zeigefinger.

Wenn lang, verrät er Gedankenreichtum und Sparsinn; zu= gespitzt: schnelle Auffassungsgabe; kolbig: Wahrheitsliebe; spaten= förmig: ungestümes Handeln.

Der Mittelfinger.

Zugespitzt: Frivolität; dick: Klugheit; spatenförmig: Tätigkeit.

Der Ring= oder Goldfinger.

Zugespitzt: Kunstsinn; dick: Wahrheitsliebe und Verstand; spatenförmig: schauspielerische Anlage.

Kleiner Finger.

Zugespitzt: Beredtsamkeit; dick: gutes Urteil.

Die oberen Fingerglieder stehen mit dem astralen Licht in Verbindung und sind göttlich.

Die mittleren Fingerglieder stehen mit der geistigen Welt in Verbindung.

Die unteren Fingerglieder stehen mit der materiellen Welt in Verbindung. Sind diese dritten (untersten) Fingerglieder nahe der Wurzel alle dick, so zeigt das große Eßluft an.

(Stehen die oberen Fingerglieder hohl und aufwärts, so deuten sie auf Geiz, und wenn sie nach unten gebogen sind, auf Über= spanntheit.)

Wenn die Hand frei und offen gehalten wird und Zeigefinger und Mittelfinger dann weiter als die andern voneinander entfernt stehen, deutet das auf selbständige Denkungsart; trifft dasselbe für den Ring= und den kleinen Finger zu, dann weist es auf feste eigen= willige Tätigkeit; ist es bei beiden Fingerpaaren der Fall, so be= deutet es Originalität und Selbstvertrauen.

Hält man die Hand auf und die Finger geschlossen und läßt dann den Daumen abstehen, dann Daumen und Zeigefinger, so daß dieselben, sowie Mittel=, Gold= und kleiner Finger je zusammen eine abstehende Gruppe bilden, oder vermag man Daumen, Zeige= und Mittelfinger fest geschlossen von dem ebenfalls fest aneinanderliegenden Gold= und kleinen Finger weit auseinanderstehen zu lassen, so zeigen diese scharf ausgeprägten Stellungen eine vielvermögende Willens= kraft an. —

Von noch größerer Bedeutung sind die Deutungen der ver= schiedenen, stark ausgeprägten „Berge" unterhalb der Finger, sowie die der Haupt= und Nebenlinien in der Hand. Wir hätten zunächst:

A. den Venusberg ♀, zeugt von Schönheitssinn und Gefall= sucht; stark entwickelt: Unbeständigkeit; fast fehlend: Ge= mütskälte.

B. Jupiterberg ♃: Religiosität, Ehrgeiz; sehr hervortretend: Stolz, Streben nach Macht und Aberglauben; fast fehlend: Irreligiosität, Trägheit, niedrige Gesinnung.

C. Saturnberg ♄: Weisheit, Klugheit; stark hervortretend: Verschwiegenheit, Traurigkeit; fast fehlend: Unglück, ziel= loses Leben;

D. Sonnen= (Apollo=) Berg ☉: Kunstsinn, Intelligenz, gute geistige Anlagen; stark hervortretend: Geldgier, Lügen= haftigkeit; fast fehlend: Stumpfsinnigkeit.

E. Merkurberg ☿: Lernbegierde, Witz, Erfindungsgabe; stark hervortretend: Lügenhaftigkeit, Stehlsucht, Arglist; fast fehlend: Unentschlossenheit.

Feine vertikale Linien, die sogenannten lignes medicinales, auf dem Merkurberg tragen alle Ärzte ausnahmslos in ihren Händen und beweisen die Ausübung einer Wissenschaft und zwar der medizinischen.

F. Marsberg ♂: Leidenschaft, Tollkühnheit, Entschlossenheit.

G. Mondberg ☽: Einbildungskraft, Feingefühl, dichterische Anlage; stark entwickelt: Leichte Verzweiflung, Launenhaftigkeit; fast fehlend: Arglist, Strenge.

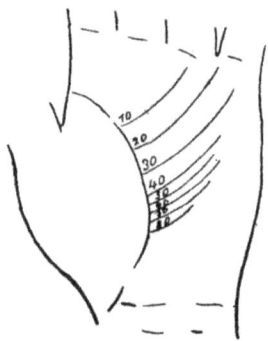

1. Die Lebenslinie,

zwischen Daumen und Zeigefinger beginnend und um den Daumenballen nach unten laufend, zeigt — rein ausgeprägt — langes Leben an. Aus den angedeuteten Zahlen nimmt man die Lebenszeit eines Menschen an, in der dieselbe durch irgendwelche Ereignisse unterbrochen oder wesentlich beeinflußt werden könnte. Eine lange, schmale, scharf ausgeprägte Linie deutet also auf langes Leben und Freibleiben von Krankheiten. Ist die Marslinie vorhanden, so ist das stets ein gutes Zeichen.

2. Die Natur=, Haupt=, Kopf= oder Geistlinie, auch Verstandeslinie genannt,

beginnt in der Nähe der Lebenslinie unter dem Zeigefinger und läuft mitten durch die Hand auf den Mars= oder Mondberg zu. Sie steht in unmittelbarer Verbindung mit dem Gehirn und zeigt Geisteskraft an, bei gehöriger Länge außerdem gute Verdauung, Lebensfreude und Energie; gerade, dünn und lang: strenges Urteil, klaren Blick; von der Lebenslinie abstehend: Selbstvertrauen, und mit ihr verbunden: Mangel daran.

3. Die Herz= oder Tisch=Linie,

unter dem kleinen Finger beginnend und nach dem Zeige= und Mittelfinger laufend, die stark ausgeprägt starke Zeugungskraft anzeigt, ferner aufrichtige Zuneigung und Liebesglück.

4. Die Schicksals= oder Saturn=Linie

entspringt gewöhnlich aus der Restricta und geht bis in den Mittel=
finger; sie weist insbesondere auf irdischen Erfolg oder Mißerfolg
hin. Menschen, welche zu niederer, grober Arbeit bestimmt sind,
haben keine Schicksalslinie. Die Eskimos haben ebenfalls keine;
hätten sie die Empfänglichkeit für ein Leben voll körperlicher Qualen,
welche sie oft garnicht empfinden, dann könnten sie es nicht ertragen
und müßten verzweifeln.

Es kommen bei ihr vier Ausgangspunkte in Betracht, wenn

a. von der Lebenslinie: gute Aussichten;

b. vom Marsberg: Kummer, doch auch Hoffnung;

c. von der Rasceta, Restricta oder Armband: seltsame
Lebensschicksale;

d. vom Mondberg: Geleitetwerden von anderen Personen.

5. Die Gesundheits=, Leber= oder Magenlinie,

etwa von Handwurzel oder Daumenballen nach dem kleinen Finger
zu verlaufend, steht mit der Verdauung im Zusammenhange; wenn
fehlend: unerschütterliche Gesundheit.

6. Die Rasceta,

d. h. die erste Querlinie unter dem Handteller auf dem Handgelenk,
die — wenn ununterbrochen — in allen Unternehmungen auf Glück
hinweist.

7. Die Sonnen= oder Glückslinie

weist auf Ruhm und Reichtümer hin; sie soll dünn, tief, gerade
und lang sein und weit bis zum Ballen des Apollo (Goldfingers)
hinaufreichen. Es gibt aber auch Leute von hoher Intelligenz oder
von großem Unternehmungsgeist, in deren Händen diese Sonnenlinie
fehlt; es werden dann ihre Unternehmungen ohne Erfolg sein oder
bleiben nur Pläne, ohne je zur Ausführung zu gelangen.

Zu den Linien der Hand käme außerdem noch der Venus=
gürtel ‿ da hinzu, zwischen Zeige= und Mittelfinger beginnend,
einen kleinen Bogen beschreibend und zwischen Gold= und kleinem
Finger auslaufend. Was dieser Gürtel einschließt, das ist bei dem
Betreffenden ganz besonders ausgeprägt, und insbesondere werden
aus ihr die Moralitätsverhältnisse erkannt, sie ist meist von übler
Bedeutung.

Viele kleine und feine Linien in den Fingergliedern sind immer ein Zeichen geistiger Vielseitigkeit, und als glückliche Hand gilt eine solche, bei der alle Hauptlinien gehörig groß sind.*)

d. Über Phrenologie.

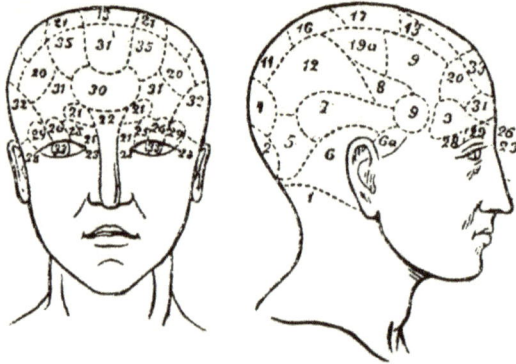

Die Phrenologie (Geisteslehre), auch Schädellehre (Kranioskopie) genannt, wurde von Dr. Gall, geb. 9. März 1758, gest. 22. August 1828, begründet. Die Phrenologie bezweckt eine Erkennung (Abschätzung) der geistigen Fähigkeiten und der moralischen Eigenschaften eines Individuums aus der Größe und Gestalt verschiedener Teile des knöchernen Schädels und der allgemeinen Form des letzteren.

Dazu hat Gall den Kopf in 35 Teile zerlegt, und die verhältnismäßige Größe (das Hervortreten) jedes dieser Teile soll die Entwickelungsgröße der einzelnen davon abhängenden Fähigkeiten und Eigenschaften erkennen lassen.

Folgende sind nun die 35 Kräfte (Fähigkeiten usw.) des Gehirnes, und obige Figuren zeigen die entsprechenden Teile des Schädels:

1. Sinnlichkeit.	8. Habsucht.
2. Kinderliebe.	9. Erfindungssinn.
3. Konzentrierungssinn.	10. Selbstachtung.
4. Anhänglichkeit, Treue.	11. Ruhmsucht.
5. Streitsucht, Kampflust.	12. Vorsicht.
6. Ernährungssinn.	13. Wohlwollen.
7. Verschwiegenheit, sehr stark entwickelt: List.	14. Verehrung.
	15. Festigkeit.

*) Der Verfasser dieses Buches ist bereit, die Hand eines Interessenten zu begutachten und eine Deutung der Linien vorzunehmen. F. Sch.

16. Gewissenhaftigkeit.
17. Hoffnung, sehr klein ent=
    wickelt: Unselbständigkeit.
18. Anlage z. Verwunderung.
19. Idealität.
20. Witz.
21. Nachahmungstrieb.
22. Individualisierungssinn.
23. Formsinn.
24. Maßsinn.
25. Gewichtssinn.

26. Farbensinn.
27. Ortssinn.
28. Zahlensinn.
29. Ordnungsliebe.
30. Gedächtnis.
31. Zeitsinn.
32. Tonsinn.
33. Sprachsinn.
34. Vergleichungssinn.
35. Schlußziehungsvermögen.

e. Über Graphologie.

Wie diese Überschrift besagt, soll hier nur über die noch junge, eine der schönsten Entdeckungen und im 19. Jahrhundert erst recht zur Geltung gekommene Wissenschaft der Handschriften= deutung gesprochen werden, denn zur eingehenden Erörterung der Graphologie würde allein ein stattliches Buch herauskommen, und solche Lehrbücher existieren bereits.*)

In den verflossenen Jahrhunderten wurde bereits von einigen Kennern, daß man aus der Handschrift eines Menschen den Charakter desselben erkennen könne, dieses an sich auf der Hand liegende Wissen benutzt und beachtet, aber erst am 24. November 1871 proklamierte der französische Schriftsteller und Abbé Jean Hippolyte Michon die Handschriftendeutungskunde unter dem Namen „Grapho= logie" als Wissenschaft, und seit dieser Zeit ist dieselbe in mannig= facher Weise ausgebaut und ergänzt worden.

Wenn man mit einer vollkommen fremden Persönlichkeit in schriftlichen Verkehr tritt, so macht die Handschrift derselben den ersten fast ausschlaggebenden Eindruck auf uns aus, dann kommt erst der Briefstil, das Deutsch, das benutzte Papier, Kuvert, Tinte usw. als nebensächliche Ergänzungen hinzu. Kennt man sich bereits, so fallen alle diese Anhalte weg, wir stellen uns die Person geistig vor und lassen sie sprechen, was sie uns schreibt.

Die Geheimnisse der Handschrift stehen in vollkommener Har=

---

*) „Die Graphologie" von Julius Becker (Fickers Verlag, Leipzig).

5*

monie mit der Chiromantie, Phrenologie und Astrologie und ent=
hüllen, wie gesagt, das Innere eines jeden Menschen.

Rückert sagt: „Du kannst in der Natur nicht ein Gebilde streichen
Und siehst Zusammenhang in allen ihren Reichen."

Es gibt allerdings Leute genug, die sich mit derlei wissens=
wertem Kram gar nicht näher befassen, aber trotzdem ein Wörtlein
mitreden wollen. Lassen sie diese Wissenschaften für sich gelten, so
mag es geschehen, aber greifen sie eine dieser Wissenschaften an,
die sie nur dem Namen nach kennen, so bleibt das eine Unver=
schämtheit sondergleichen und in einem um so größeren Maßstabe,
wenn diese Kenntnisbeschränkten gar Lehrer, Zeitungsredakteure oder
sonstwie mehr in der Öffentlichkeit stehende Personen sind.

VII.

Den einen ehr' ich, der nach Idealen ringt,
Den andern acht' ich auch, dem Wirkliches gelingt.
Rückert (Weisheit des Brahmanen).

Einem wirklichen Schüler des Okkultismus, der sich mit be=
sonderer Vorliebe für „Magie" interessiert, soll mit dem hier Dar=
gebrachten genügend gegeben werden, um einen großen Ueberblick
von ihr zu gewinnen und um sich die Quintessenz daraus selber
bilden zu können. Er wird dann nicht die Zahl der Leute ver=
mehren, die von der Sache an sich so gut wie keine Kenntnis haben,
aber trotzdem das Blaue vom Himmel — und möglichst negierend!
— herunterschwatzen. Wird man um eine Auskunft gebeten, so
genügt eine bündige Antwort, aber kommen Neugierige und oben=
drein Witzbolde, so schweige man lieber still und sehe sie nicht. Es
ist auch eine schwierige, zeitraubende und höchst undankbare Auf=
gabe, irgendeine Sache zu verteidigen, deren allerelementarste Grund=
begriffe noch fast unbekannt sind, und weitschweifige Erklärungen
werden unumgänglich notwendig sein. Man kann und soll nicht
über eine gewisse Grenze der Popularität hinausgehen und vor
allem nicht die Termini technici der Alten über Bord werfen.
Derartige Versuche sind schon früher zum größten Schaden irgend=
einer Sache gemacht worden. Jeder glaubt dann mitreden zu
können, ohne um ein tieferes Verständnis zu erlangen sich bemüht
zu haben.

Wer will, der muß, und je mehr eine persönliche Neigung
für ein Fach, eine Sache, ein Studium und dergleichen hervortritt,
je mehr schwinden Schwierigkeiten, Arbeit und Mühe. Hat man
sich befleißigt und bemüht, an der Hand aktiver Beweise eine Sache
vorzutragen und zu erklären, so ist es gar nichts Seltenes, daß
Kritiker das alles für „dummes Zeug" erklären, und weil sie es

selber keineswegs besser verstehen, obendrein für ihre spottlustigen
Leser ihrer Blätter „Satiren" drucken lassen. Diese Klasse von
Leuten, die sich bezüglich ihrer Information über wissenschaftliche
Gegenstände auf die täglichen Zeitungen verlassen, ist keineswegs
klein, und dieser Umstand ist zum Teil der Tatsache zuzuschreiben, daß
sehr viele tägliche Zeitungen immer nach etwas Sensationellem Um=
schau halten. Unverstandenes muß deshalb herhalten, wenn ein
Berichterstatter Raum ausfüllen will, und diese Ergüsse enthalten
dann manchmal auch nicht den Schein der Wahrheit; Leute, welche
gänzlich auf diese Quelle der Information angewiesen sind, werden
natürlich ein Vorurteil gegen alle okkulten Lehren hegen, weil sie
irregeleitet worden sind. Und wenn auch noch andere Gegner
hinzukämen und diese hier geschilderten Wissenschaften attackierten,
so macht das für den Okkultisten selber nichts aus, es tut ihm nur
leid, — und Beleidigungen treffen ihn nicht. Er steht auf einer
höheren Stufe und genießt von hier aus einen größeren Rundblick
als alle unter ihm Stehenden. Die Schreier da unten im engen,
dunklen Tale, die scheinen es am ärgsten zu machen, dabei haben
sie nur einen sehr beschränkten Horizont, was Wunder, daß ihnen
so viel entgeht!

Indem ich dieses vorausschicke und etwaige Gegner eingeschätzt
habe, so will ich auch weiterhin das Unbekannte möglichst mit Be=
kanntem darbieten und das Geheimnisvollere wird der okkultistisch
Gebildete voll zu würdigen wissen, während der neugierige Neuling
auch dieses Buch „enttäuscht" aus der Hand legen mag, wie
mitunter ein Rezensent ein anderes unverstandenes Buch — sein
eigenes Verständnis für dergleichen damit beweisend — zu beurteilen
pflegt. —

Es ist ein vielbeliebtes Mittel der Alltagswelt, daß sie gerade
immer dasjenige, was sie nicht versteht, einfach verwirft, also nicht
verstehen will. Wer ihr angehört, mag ja „lesen" gelernt haben,
womit aber nicht eingeschlossen ist, daß er das Gelesene auch ver=
standen haben muß. Das Gelesene muß mitunter öfter wiederholt
werden, um den richtigen Geist davon in uns aufzunehmen und
den Autor auch zu verstehen. Ist das Gehirn zum richtigen Denken
entwickelt, so werden die keimenden Schlüsse kein Unkraut sein, und
wird das Denken wohlweislich dirigiert, so arbeitet ein solcher Meister

allein mehr als viele Arbeiter selbst mit Hebeln und Flaschenzügen zu bewerkstelligen vermögen.

Wer ein Buch mystischen Inhalts recht verstehen will, muß selber fast schon ein Magier sein, andernfalls bleibt ihm dasselbe oft auch ein mit sieben Siegeln verschlossenes Buch. Da er natürlich von vornherein das noch nicht sein kann, so muß er es zu verstehen suchen lernen, indem er auch andere derartige Werke liest und hierbei Spreu und Weizen zu unterscheiden vermag. Dann folgen Rekapitulationen und systematische Gedankenübungen, wir verbinden uns allmählich mit Bewohnern höherer Ebenen, wir wissen uns hierbei aktiv wie passiv zu verhalten, unser Verstand nimmt an Schärfe zu, unsere Willenskräfte stärken sich mehr und mehr, und somit haben wir es selber in der Hand, unser Schicksal hier auf Erden zu bemeistern.

Mag das nun für gelehrtere Herren auch „Unsinn und dummes Zeug" sein, das schadet nichts, der Kenner höherer Geisteskräfte gibt sein Wissen darum auch nicht auf. Durch Verbindungen großdenkender Menschen und höher veranlagter Geistesseelen mit der Astralwelt ist uns diese nahe liegende Ebene erklärt und mitgeteilt worden, und ich durfte aus diesen Daten die am Schlusse folgende Tabelle über die hier wesentlich in Betracht kommende Astralebene zusammenstellen, um das Geheimnisvolle dieser Welt für den Jünger des Okkultismus mit Natürlichem der nächsten Welt zu erklären.

Für den einzelnen werden Jahre der geschilderten Übungen vergehen, ehe Verstand und guter Wille weiter gebildet sind, um für höhere Dinge aufnahmefähig geworden zu sein.

Ein wirklicher Magier wird diese zeitraubenden Übungen längst hinter sich liegen haben und vermag nun vermittelst seiner Macht und Kraft in Gedanken fast das Unglaublichste zu leisten, ev. stehen ihm auch astrale Hilfskräfte zu Gebote.

Im Altertum gab es in Asien eine Klasse Magier, welche sich platt auf die Erde legten und mit geschlossenen Augen auf dem Boden murmelten und jedenfalls mit Erdgeistern in Verbindung standen. Das Vorkommnis einer zahlreichen Klasse von Jossakeds oder „Flüsterern" bei den Indianern, welche man die Magier der westlichen Urwälder nennen könnte, zeugt von vorsintflutlichem

Zusammenhange mit der alten Welt. Diese Personen legen bei Ausübung ihrer Künste und besonders in den Begriffen über die Heiligkeit des Feuers und über die Seelenwanderungslehre okkultistische Kenntnisse an den Tag, sodaß sie eine Abkunft von den Schülern des Zoroaster und der fruchtbaren persischen Rasse sein werden. Die Genannten gebrauchen als magisches Instrument die Rassel, welche als vermeintliches Erregungswerkzeug geheimnisvoller Kräfte auch ein besonderes ethnologisches Interesse bietet, insofern sie an das Sistrum der alten Ägypter erinnert. Als hypnotisierendes Werkzeug kommt sie sogar in der Tierwelt zur Anwendung: die Klapperschlange, dieser Hypnotiseur unter den Reptilien, bedient sich ihrer Rassel oder Klapper, um ihre Opfer, besonders kleine Vögel, in eine schreckhafte Lähmung zu versetzen und wehrlos und flucht= unfähig zu machen.

„Magische" Hilfsmittel und Gebräuche haben ihren wohlweisen Zweck und wären zu empfehlen, wenn es nicht auch ohnedem ginge.

Der weiße Magie Treibende wird derartige Mittel entbehren können, auch wird er insbesondere sich, seine Familie und Freunde schützen und ihnen beistehen, in Krankheit, Trübsal und Not helfend nahe sein und von Hilfesuchenden in mannigfacher Weise konsultiert werden. Indem die meisten Menschen sich auch heute noch sagen, was der römische Redner Cicero schon vor bald 2000 Jahren aus= sprach: „Pretio sunt omnia venatia" („für Geld kann man alles haben"), so beweisen sie damit, daß es vielleicht ohne ein Zauber= mittel nicht angängig ist und vermittelst „barer Münze" auch Hoffnung, Glauben und Zutrauen zum Gelingen einer bestimmten Sache mitbringen. Aber Hoffnung aufgegeben, alles verloren!

Der menschliche Helfer und Beistand im physischen Kleide erklärt den Leuten:

Trägheit erzeugt Not.

Not tötet den Körper durch Entbehrungen und den Geist durch Kummer.

Tätigkeit verschafft Wohlstand;

Wohlstand aber ist der Vater der Zufriedenheit und der Gesundheit!

Da dieses jedoch weniger befolgt wird, so versucht er es ev. mittelst hypnotischer Kenntnisse, die Leute zu beeinflussen, denn es ist hiermit möglich: Dispositionen zur Grausamkeit, zum Stehlen und zur Wut bei Kindern ganz auszurotten.

Ist es auch nicht ratsam, den Hypnotismus bei jeder Person anzuwenden, so sind etwaige Fälle ausgenommen, z. B. um eine böse Gewohnheit auszumerzen, muß man für jede Neigung oder jedes Verlangen zum Bösen eine größere Zahl von entgegengesetzten Gedanken und Vorbildern zu erwecken suchen, jeden Tag des öfteren wiederholen, bis derartige Gehirnstrukturen verschwinden. Der Patient muß willig sein, die nötigen Übungen zu machen und gegebene Vorschriften zu befolgen.

Wer jemals ein Gefängnis besucht und die Zellen schwerer Verbrecher gesehen hat, wohinein Menschen wie wilde Tiere gesperrt werden, der wird diesen unangenehmen Eindruck nicht wieder vergessen. Da es aber Menschen gibt, die sich wie wilde Bestien aufführen, so muß es leider auch derartige Räume geben, um solche Geschöpfe von anderen abzutrennen, und aus diesem Grunde wird der Hypnotismus bei jungen, verbrecherisch-veranlagten Menschen ein Segen sein, wird dieser hier angewandt. —

Zur Wiederherstellung einer wiederherstellungsfähigen Gesundheit sind die Pranayama-Übungen nach den Lehren der Yogis beachtenswert, die erste Stufe ist die Beherrschung der Lungentätigkeit, beginnend mit gerader Haltung, geradem Sitzen, tiefem Atmen usw., wodurch erwirkt wird: Fortfall aller Gesichtsfalten und der Nervosität, dafür aber Eintausch von Ruhe und einer klarer werdenden Stimme.

Vermag man die Einbildungskraft bei anderen zu erregen, so können wir vermittelst ihrer manche Sache in gewünschte Bahnen lenken. Interessant ist die Beeinflussung der Einbildungskraft der Schwangeren auf die zu erwartende Leibesfrucht, was beweist, daß der Gedanke sich in Stoff verwandeln und sich verkörpern kann, ferner auch, daß Erscheinungen ohne Zusammenhang mit Gefäßen und Nerven sich zeigen können. Jede Idee und jeder Gedanke vermehrt — abgesehen von der Wirkung auf astraler Ebene — augenblicklich die Sekretion und vermindert den Blutumlauf. Man denke nur an eine Lieblingsspeise, an eine Leckerei, und der Mund wird sich mit Speichel füllen; Freude und Schreck machen uns erröten oder erblassen, beschleunigen oder hemmen den Herzschlag.

Es ist demnach sehr wahrscheinlich, daß zu Anfang der Schwanger=
schaft die Eindrücke, die moralischen Erschütterungen der Mutter sich
dem selbst noch im Gallertzustande befindlichen Embryo mitteilen
und auf dessen Bildung einwirken. Viele berühmte Männer, deren
Namen schon Bewunderung und Hochachtung einflößt, erkennen den
Einfluß der Einbildungskraft in dieser Sache an.

Zur Zeit des Hippokrates wurde eine vornehme Frau von
einem schwarzen Kinde mit krausem Haar entbunden. Von ihrem
Gemahl der Untreue angeklagt, sollte sie zur Todesstrafe verurteilt
werden; da stellte ihr Vater der Arzneikunst vor, daß das Porträt
eines Mohrenfürsten über dem Bette seiner Tochter gehangen habe,
und daß der Einfluß der gewaltig aufregenden Einbildung Ursache
dieser anormalen Geburt gewesen sein könne.

Heliodorus erwähnt eine äthiopische Fürstin, schwarz wie
Ebenholz, welche eine Tochter weiß wie Schnee gebar, weil sie
zur Zeit der Empfängnis und während der Schwangerschaft ihre
Augen beständig auf eine schöne Statue von parischem Marmor,
die Andromeda vorstellend, gerichtet hatte.

Eine schwangere Frau, welche über den ekelhaften Stumpf,
den ihr ein Bettler, in der Erwartung, ein Almosen zu bekommen,
entgegenhielt, sehr erschrak, wurde während ihrer Schwangerschaft
von der Furcht, ein verstümmeltes Kind zur Welt zu bringen, ver=
folgt; aber dennoch gebar sie ein wohlgestaltetes Kind. Bei der
zweiten Schwangerschaft bemächtigten sich ihrer dieselben Befürchtungen
wieder, und diesmal gebar sie ein verkrüppeltes Kind, welches einen
Stumpf hatte, der dem des Bettlers glich.

Vermittelst der Einbildungskraft übte das Gehirn seinen Ein=
fluß hierbei auf die Gebärmutter aus, worauf die Zusammenziehung
derselben mechanisch auf den Embryo gewirkt hat und woraus dann
die entsprechende Entwicklung oder der Fehler der Bildung entstand.

An Stelle der Einbildungskraft vermag aber bei dem okkultistisch
Gebildeten die zielbewußte Gedankenkonzentration zu treten, er ver=
mag seinen Körper entsprechend zu verändern und läßt andere nach
seinem Willen tanzen, sodaß selbst Metamorphosen oder Umgestaltungen,
Verjüngung des Körpers, Effemination usw. im Bereiche der
Möglichkeit liegen.

Leider kann hier nur in beschränktester Weise angedeutet werden, was auf unserer physischen Ebene vermittelst kräftiger Gedanken er= zielt werden kann. Indem ich die Astralwelt dabei eingehend heran= gezogen habe, um den Verlauf eines Gedankenbildes bis zu seiner Verwirklichung vor Augen zu führen, so ist damit der Urgrund erklärt, worauf auch die mittelalterliche Mystik wie die alte Kabba= listik aufgebaut worden ist. Studieren wir z. B. „die Geheimlehre" von der Petrowna Blavatsky und überschlagen dann am Schlusse den etwaigen Gewinn, den man durch Aufklärung über Ethik, Mystik, Philosophie, Naturwissenschaft, Magie, Anthropologie usw. gehabt hat, so weiß man auch, daß dies an die Grenzen der Denk= fähigkeit geht. Wir werden nun finden, daß alles okkulte Wissen nicht nur Theorie ist, an Überlieferung gebunden und immer aus Übertragung von anderen Systemen her entstanden sein muß, sondern auch direkt erschaut werden kann und zu jeder Zeit neu erschaut worden ist. Die Wahrheit bleibt stets ein und dieselbe.

Jedwede Erkenntnis ist eine Macht für den, welcher begreift, was er besitzt und kann, und somit ist derselbe befähigt, sie für die= jenigen Zwecke zu gebrauchen, die seinem Herzen am nächsten liegen. Eine felsenfeste Überzeugung, daß sein Unternehmen gelingt, ist das Selbstverständliche bei jedem Meister, denn jeder Zweifel lähmt und läßt das Sicherste oftmals mißlingen.

In der Bibel wird von Wundern im „Namen Gottes" berichtet, und da das Wesen der Gottheit absolute Kraft und Allmacht ist, so ist bei Anwendung seines Namens ein Erfassen seines Wesens und Aneignung seiner Kraft möglich. Eine Anrufung Gottes oder eines Engels lichter Höhen bewirkt bei zweifelloser Annahme von deren Hilfe: astrale Kräfte, die ein Gelingen irgendwelchen Wunsches und Willens befördern und möglich machen. Beispiele derartiger Wunder berichten: Die babylonische Mythologie, Schriften der alten Ägypter, die hebräische Kabbalah und die Bibel.

Ein Bestreiten und Verneinen zeigt entsprechende Unkenntnis an und zeugt von Rechthaberei, Streit= und Spottlust. Derartige uralte Werke müßten ja nur von verlogenen und betrügerischen Schriftstellern geschrieben worden sein, aber daß jene Werke tiefe, geheimnisvolle Wahrheiten in sich bergen, erkennt nur derjenige, der ein Freund von Recht und Wahrheit ist und okkulte Dinge studiert.

Es existieren Kopien von einem geheimwissenschaftlichen Werke über das „chaldäische Buch der Zahlen", auch ist die Möglichkeit keines= wegs ausgeschlossen, daß dasselbe bald oder später in irgendeiner geheimen Krypta, wo es verwahrt sein mag, aufgefunden wird.

Auch dieses Suchen nach etwas lockt diejenigen Astralwesen herbei, die damit in irgendeiner Verbindung stehen oder zu tun gehabt haben, daher mancher „erleuchtete Gedanke" und mancher glückliche Fund.

Die Kabbalah berichtet z. B. über Elieser, den Knecht Abrahams: „Als er Rebekka am Brunnen getroffen, Laban aber ihm nachstellte, soll er, um sich als Gottgesandten zu erweisen, durch Aussprechen des „Namens" (Gottes) bewirkt haben, daß plötzlich seine Kamele hoch in der Luft standen und er über ihnen frei schwebte."

Ein ähnliches Wunder erzählt C. W. Leadbeater in „Unsere unsichtbaren Helfer"*) über ein weibliches Mitglied einer theosophischen Vereinigung, welche sich einst in einer sehr ernsten physischen Lebens= gefahr befand:

Sie hielt sich gerade in einer gewissen Stadt auf, in der eine Art von ungesetzlicher Demonstration stattfand und stellte sich mit den besten Absichten von der Welt, wenn auch mit mehr Mut als Besonnenheit, zwischen eine aufrührerische Menge und eine Gruppe von Polizisten hinein, die Befehl erhalten hatten, den Pöbel auseinanderzutreiben. Plötzlich sah sie sich von einem gefährlichen Tumult umringt, und als sie mehrere zu Boden geworfene und offenbar schwer verletzte Menschen dicht neben sich liegen sah, konnte sie jeden Augenblick desselben Schicksals gewärtig sein, da ein Ent= kommen ganz unmöglich erschien. In diesem Moment fühlte sie, daß eine Art von halber Bewußtlosigkeit über sie kam, und als ihr eben der Gedanke durch den Kopf gegangen war, sie müsse irgendwie verwundet worden sein, wenn sie auch nicht wußte wo, hatte sie plötzlich die Empfindung, in die Luft gehoben zu werden und fand sich scheinbar in demselben Moment vollständig unverletzt und ganz allein in einer kleinen Seitenstraße stehend wieder vor, die mit der, in welcher der Tumult stattgefunden, parallel lief. Sie vernahm noch immer den Lärm der Kämpfenden, und während sie so über

---

*) Verlag von Max Altmann, Leipzig.

ihr sonderbares Erlebnis verwundert dastand, kamen zwei oder drei Per=
sonen, die dem Gedränge entkommen waren, um die Straßenecke herum=
gerannt und drückten ihr, als sie sie sahen, ihr großes Erstaunen
und ihre Freude aus, indem sie sagten, sie hätten sicher geglaubt,
die mutige Dame sei, als sie so plötzlich mitten aus dem Kampf
verschwunden gewesen, zu Boden geworfen worden. . . . . . ."

Dieselbe ist damals mit der Empfindung, mystifiziert worden
zu sein, nach Hause gegangen, ist aber später bei einem Zusammen=
treffen mit der Frau Blavatsky eingehend darüber belehrt worden.

Diese Erscheinung, auch Levitation (Erhebung) genannt, kommt
gelegentlich bei Sitzungen vor und noch öfter bei Jogis im Orient.
Kommt dieses Schweben eines menschlichen Körpers in der Luft bei
irgendeinem Medium vor, so wird es zweifellos von Geisterhänden
aufgehoben. Aber auch der okkulten Wissenschaft ist ein Mittel
bekannt, die Schwerkraft zu neutralisieren und selbst ins Gegenteil
zu kehren. Die Anwendung dieses Geheimnisses ermöglichte auch,
daß die Luftschiffe Altindiens und Atlantis' leicht genug gemacht
werden konnten, um sich von der Erde zu erheben und ohne
Schwierigkeit bewegt und gesteuert werden zu können. Die alten
Atlantier verstanden sich auch als schwarze Magier auf Toten=
belebungen, Totenbeschwörungen, Verwandlungen, Geisterbannungen,
Erschaffung lebender Geschöpfe, Wandeln auf dem Wasser, Verstehen
aller Sprachen usw. Diese Kenntnisse sind dann auf ihre Nach=
folger übergegangen und haben sich innerhalb geheimer Verbrüderungen
bis auf den heutigen Tag erhalten. Wer aber vielleicht glaubt,
daß ein derartiges Wissen innerhalb Freimaurerlogen noch kultiviert
wird, befindet sich arg auf dem Holzwege, denn diese Gesellschaften
auf Gegenseitigkeit können nur vermögende Mitglieder gebrauchen,
aber keine okkultistisch Gebildete oder gar Menschen ohne „Kapital".
Ihre Mitglieder bekunden sich in der Wirklichkeit als höchst materiell
Denkende, die ganz besonders den eigenen Vorteil als höchstes
Ideal zu schätzen wissen. Die Schale ist allerdings lange nicht der
Kern, aber weltliche Taten (auch einzelner) bleiben an der Schale
haften und daraus kann man recht wohl auf den noch weniger
verdaulichen Kern bei derartigen „Brüdern" schließen. —

Ein stumpfer, ungebildeter Mensch wird im herrlichsten Waldes=
grün, am Ufer des wogenden Meeres, auf lichten Sternenhöhen

ober unter einem klaren, mit abertausend Sternen besäeten Nacht=
himmel n i d) t s empfinden, höchstens was für seine eigene Leibesnahrung
und Notdurft von Interesse ist. Dagegen wird ein Künstler durch
diese überaus klare und zu Herzen gehende Natursprache irgendwie
zum Schaffen angeregt werden und ihre stumme Sprache verstehen
ober wenigstens begreifen; aber ein Magier wird in noch höherem
Maße und Verhältnis all dieses erkennen und in sich aufnehmen,
er vermag auch ebensogut die verborgensten-Gedanken seiner Mit=
menschen zu erraten und abzulesen, wie er damit ferner alle Sprachen
der Menschen und sämtlicher Tiere, die Gespräche der Engel und
der Dämonen, die Reden der Bäume, das Rauschen des Meeres
und die Konstellationen am gestirnten Himmel verstehen wird.

Wie die „Kabbalah" berichtet, soll der König Salomo
dieser Dinge mit Hilfe des Schêm kundig gewesen sein. Der ange=
wandte Gottesname heißt: „Schêm - ha - mephorasch", jedoch ist
seine Anwendung auf Erfolg ein nur wenigen bekanntes Geheimnis.

Hat ein ausgesprochenes Wort Folgen oder nicht? Darüber
hat jeder Jünger dieser okkulten Kunst nachzudenken, und zwar nicht
nur vorübergehend, sondern bei jeder passenden Gelegenheit. Hierbei
denke man auch an den Fluch, der Verderben bringt. Eine Mutter,
die ihr Kind verflucht, wird wohl Ursache dazu haben, und mittelst
des Ausströmens ihrer ganzen Gehässigkeit bringt diese mit ent=
sprechender Astralkraft auf den Übeltäter ein und dieser wird als
solcher unterliegen müssen. Ist bei solcher oder auch jeder anderen
Verfluchung der Betreffende dagegen kein Übeltäter, sondern reinen
Herzens oder ein okkultistisch Wissender, so bewirken dessen gute
Elemente oder seine Willenskraft in, um und über ihm, daß der
ausgesandte Fluch auf seinen Urheber zurückkehrt und diesen um
so schärfer selber trifft.

Mehr zur niederen Magie gehört das Entdecken von Schätzen,
Quellen, Dieben, Verlorenem usw. Dieses kann entweder durch
sogenannten tierischen Instinkt betätigt oder mit Hilfe zugetaner
Bewohner der Astralebene im Traume offenbart werden.

Das Deuten gewisser Träume kann für manchen Erdbewohner,
dem es schlecht geht, daher von großem Vorteil sein, und wenn
derselbe etwas entdeckt oder findet, so behält er es für sich, wenn
er gescheit ist. Hiermit ist jedoch keineswegs gesagt, daß jemand

dasjenige behalten soll, was er vielleicht so bei Gelegenheit findet und das ein anderer verloren hat und wiederzubekommen sucht.

Wer es auf „Geld und Gut" abgesehen hat, muß reinen Herzens sein, helfen und beistehen und wollen, daß ihm Frau Pekunia hold gesinnt bleibe. Beim „Spielen" ist es vorteilhaft, Gewinne als selbstverständlich einkommen zu sehen, weil jeder Zweifel bedrückt, lähmt und jedes Gelingen sofort beeinträchtigt.

Das von uns im Vorleben selber erzeugte Geschick, Karma genannt, umrahmt unser Handeln und Tun mit enger oder weiter Begrenzung, und wie man sich in einem Wohnhause bequem und in den schönsten Räumen einzurichten sucht, ebenso vorteilhaft ist es auch, sich innerhalb unserer karmischen Grenzen auf angenehmste Weise zu bewegen. Wer das unterläßt, zeigt damit seine Beschränktheit anderen, und manchem Menschen wäre das Angenehmste und Schönste im Leben möglich, aber er weiß sich nicht — in seinem eigensten Reiche — zu entfalten.

Um die Jünger etwas mehr im Streben zu ermutigen, so will ich ein äußerliches, das Fatum ungemein günstig beeinflussendes Medikament anführen, man nehme oder besorge sich 2 Gewichtsteile reinen Spiritus und 3 Gewichtsteile Wasser, alles sauber und rein und reibe morgens nach dem Waschen seinen ganzen Körper, auch die Geschlechtsteile, damit ein.

Nach acht Tagen nehme man dann eine Steigerung vor, unterlasse aber auch unrechte Handlungen und verjage aufkommende schlechte Gedanken, auch sei man sich umsomehr bewußt, daß uns wohlgeneigte, unsichtbare Helfer nahe sind. Die Steigerung bestehe aus 0,1 Salizylsäure und 35,0 von dem vorgenannten Wassersprit, von dem man sich zu diesen Zwecken ein größeres Quantum anschaffe.

Nach wiederum 8 Tagen gebrauche man 35,0 Wassersprit und 5 Tropfen Tinctura Strychni.

Sodann nehme man 1 Gramm Kochsalz auf 140 Gramm Wassersprit, reibe sich jeden Morgen fernerhin hiermit ein und spiele dann bei zunehmendem Monde ein Los in einer Geldlotterie, (deren Ziehung aber ebenfalls in der Zeit zunehmenden Mondes stattfinden muß), oder man spiele Skat, Domino, Schach oder dergl. in der Grenze seiner gewohnten Möglichkeit, — und man wird jedesmal gewinnen! Als seinerzeit einmal in Hannover eine kleine Ausstellung stattfand, nahm ich mir ein Los mit 6 Zahlen, wie andere Besucher auch; daß ich etwas gewinnen würde, hielt ich für gewiß, aber ich war selber darüber erstaunt, daß das Rad sechsmal hintereinander meine Losnummern brachte. Das zweite Mal gewann ich fünfmal, und dann wollte keiner mehr mitspielen, die Mitspieler sahen mich an und vermochten sich solchen „Schwindel" nicht zu erklären. Da der gewöhnliche Mensch derartige Fälle kurzerhand und weit überlegen mit „Zufall" abfertigt, so will ich einige weitere Fälle übergehen. Daß ich fernerhin für ganz bestimmte Gewinnerfolge nicht zu garantieren vermag, liegt wohl auf der Hand und daß die Mensch= heit in größter Mehrheit höchst mißtrauisch ist, ging für mich auch daraus hervor, daß ich mitunter meine Beihülfe par distance zu= kommen lassen wollte, ich verlangte zuvor aber ein Eingehen auch auf meine Bedingungen und zwar auf alle, um einen Erfolg um so sicherer zu bewirken, aber merkwürdig, die Gewinnmutigkeit verlor sich dann sofort. —

Alte medizinische Papyrusrollen im Berliner Museum haben verschiedene Formeln für diverse Krankheiten, in denen frische Mutter= milch eine der wesentlichen Ingredienzen ist, überhaupt scheint Mutter= milch, besonders von einem Weibe, das einen Knaben geboren hat, eine hochwichtige Panacee in der ägyptischen Therapie gewesen zu sein. Meine diesbezüglichen Versuche scheiterten alle an dem Un= verstand junger Mütter, sodaß ich selbst für Geld und gute Worte diese Hauptsache nicht habe erhalten können, um meine Überzeugung zu bestätigen. Was anderes und ev. mit unangenehmen Folgen Bedingtes ist weit leichter zu erreichen als das Angedeutete, aber jedenfalls nur deshalb, weil es für die Betreffe zu sonderbar schien. Daß ich mit diesem Mittel Wunderkuren zu machen imstande bin, sagt mir meine okkult=geschulte Vernunft, ebenso daß man bewußt seinen physischen Körper verlassen und wieder einnehmen oder ver= tauschen kann, aber es ist leider nicht ad oculos vorzuführen. Ebenso suchte ich eine geeignete und wohl geneigte Person für ein Experiment in letzterer Hinsicht anzuregen, aber wenn der Tag dieses Tuns näher rückte, traten Bedenken und förmliche Todesfurcht= gedanken ein; ein andermal entsetzte sich ein Pfarrer darüber, bekreuzte sich x=mal und riet ab. Bei derartigen Versuchen müssen beide Personen einen Willen besitzen und mit gleichem Interesse an die

Sache herangehen; was Dritte und gänzlich Uneingeweihte damit dann noch zu tun haben sollen, begreife ich nicht. Ob das eine Sünde ist oder nicht, das geht Fremde nichts an, und zwei auf= richtige Forscher werden sich in dieser Hinsicht keine grauen Haare wachsen lassen. Ich verlangte von den Betreffenden nur halbes Ent= gegenkommen, denn Zutrauen, Mut und Entschlossenheit lassen sich nicht immer oktroyieren, und andererseits würde ein hypnotisch=beein= flußtes Wesen doch nur eine Puppe darstellen, wovon es unter Menschen geradezu wimmelt.

Ich bin gern bereit, mich ev. für weitere Forschungen auf diesem Gebiete zur Verfügung zu stellen, aber nicht gewillt, müßige und den Stempel der Dummheit tragende Fragen zu beantworten.

Wichtige Mitteilungen auf diesen Gebieten werden mir jedoch lieb und angenehm sein.

Zum Schlusse seien noch die Zaubersprüche unserer Vorfahren erwähnt, mittelst welcher namentlich noch auf dem Lande operiert wird („Gebildete" würden sagen: gesündigt wird); aber wie dem auch sei, auch in der Lüneburger Heide sind heute noch mancherlei Zaubersprüche, namentlich gegen Krankheiten, nicht unbekannt. Namentlich wissen die Schäfer immer ein Mittel, wenn Arzt und Apotheke nicht mehr helfen können. Es wird hierbei nur verlangt, daß der Patient vom Augenblick des „Besprechens" an und ferner= hin hieran glaubt, aber auch abgesehen hiervon wurden schon die Mundfäule kleiner Kinder, Mandelentzündung, Zahngeschwüre, Hals= krankheiten usw. „besprochen", und die alten Aegypter und Atlantier „besprachen" und erweckten sogar Tote. Haben sich nun derartige Formeln bis auf den heutigen Tag fortgepflanzt, so entspricht dieses dem mystischen Bedürfnis, welches in jedem Menschen wachend oder schlummernd weiterlebt.

Die Kenntnisnahme solcher Formeln ist mit Schwierigkeiten verknüpft, denn nie werden sie einem Gelehrten gegeben, weil dieser als „ungläubig" gilt, und Unglaube ist eine Entwürdigung des Heiligtums und eine rückwirkende Vernichtung der Heilkraft. Die Fortpflanzung dieses geheimen Wissens geschieht von Mann auf Weib und von Weib auf Mann unter Zusicherung ernster Geheim= haltung gegen Ungläubige und Spötter. Daß es außer Anatomie und Klinik noch eine Quelle der Heilkunde und Heilkunst geben muß, ist mir aus meiner Jugendzeit noch bewußt, denn damals wurde ich mit einer „Rose am Kopfe" zu einer Frau geschickt, und vom folgenden Tage an war ich davon kuriert. Wenn man Warzen an den Fingern hatte, so gab es die operative und schmerzvolle Form, indem die Warzen herausgerissen oder herausgeschnitten werden mußten, oder es gab die okkultistische und schmerzlose Form, indem man in einen Bindfaden soviel Knoten machte, als man Warzen beseitigen wollte, und diesen Faden in ein frisch aufgeworfenes Grab warf. Beim Hineinwerfen des Fadens mußte man sagen: „Im Namen Gottes des Vaters, des Sohnes und des heiligen Geistes! Amen." Auf dem Wege nach und von dem Kirch= hofe durfte man mit keinem Menschen ein Wort sprechen. — Als mein Großvater gestorben war, bat ein Restaurateur, mit seiner Tochter kommen zu dürfen, da letztere an einem häßlichen Haut= ausschlag litt, welcher Besuch nicht abgelehnt wurde. Am folgenden Tage kam derselbe denn auch schweigend an, ging ins Sterbezimmer und strich mit der Hand des Toten dreimal über die Wange seiner Tochter, und der Tote nahm deren Übel mit ins Grab.

Es gibt auch noch Feuer=, Wasser= und Erdzauber, je nachdem man von den erhabenen Devas dieser Richtung und deren Unter= organen die Erfüllung einer dahingehenden Bitte zu erflehen be= rechtigt ist.

Diese Andeutungen müssen genügen; jeder okkultistische Jünger wird im Laufe seines Lebens bei ernstlichem Streben Gelegenheit haben und finden, seine Kenntnisse nach jeder erwünschten Richtung hin erweitern zu können.

Derartige Erfahrungen müssen als Beweis des hier Gesagten dienen, und jede Verbindung, die uns im ehrlichen Streben zu heben vermag, wird mir lieb und angenehm sein.

Die astrale Welt

ist eine ganz bestimmte Region des Universums, welche die physische umgibt und durchdringt, aber für das elementare Wahrnehmungsvermögen für gewöhnlich unfaßbar ist. Verläßt der Mensch nach dem Tode die physische Ebene, so beginnen die Naturkräfte auch an seinem Astralkörper ihr Zersetzungs= werk und die Elementarform sieht ihr Sonderdasein bedroht; sie setzt sich daher zur Wehr und sucht den Astralkörper so lange wie möglich zusammen zu halten. Die Materie wird in schichtenartig sich umschließende Hüllen angeordnet, von denen die der niedersten und gröbsten Unterebene angehörige nach außen liegt, da einer Auflösung auf diese Weise der größte Widerstand entgegengesetzt wird. Solange, bis diese Schale sich hier aufgelöst hat, bleibt der Astralkörper hier ge= fangen, und ist dann diese äußerste Schale soweit zerfallen, um ein Entfliehen zu gestatten, so geht der Körper damit zur nächsten Stufe der Astralwelt über, und so fort, bis Kamaloka nach und nach durchwandert ist. Diese Unterebenen darf man sich nun niemals als räumlich getrennt vorstellen, sie existieren alle ineinander, und ein auf Erden Verstorbener wird infolge seiner Eigenheit im 4. und ein anderer vielleicht im 3. Aggre= gatzustande dieser astralen Ebene länger aufgehalten als anderswo. **Der Tod macht alles gleich!** ist der reine Unsinn, und diese aus Unkenntnis der Tatsachen entstandene poetische Idee macht sich in der physischen Welt noch weit und breit geltend. In Wirklichkeit aber ändert in der bei weitem größten Mehrzahl der Fälle das Ablegen des physischen Körpers nicht im geringsten den Charakter oder die Intelligenz des Menschen, und es gibt daher bei denen, die gewöhnlich „die Toten" genannt werden, ebensoviele Unterschiede in der Intelligenz wie bei den Lebenden.

(Vergleiche C. W. Leadbeaters „Die Astralebene".)

Die Astralebene.

Die unermeßliche Verſchiedenheit der Weſen dieſer Ebene macht die Arbeit des Lebens und der Klaſſifikation zwecks veranſchaulichender Ueberſicht ungemein ſchwierig.

I. Die menſchlichen Weſen.			II. Die nichtmenſchlichen Weſen.				III. Die künſtlichen Weſen.		
Im Zuſtand der nicht höheren Traydam-Ebene.	1. Die Lebenden oder bis jenſeits, welche noch einen phyſiſchen Körper beſitzen.	1. Die Elementarweſen, der zu unſerer eigenen Entwickelung gehört.	1. Die Natureſprites.	2. Die Aſtralkörper der Tiere.	3. Die Naturgeiſter.	4. Die Tvoas.	1. Unbewußte hervorgebrachte Elementarweſen.	2. Bewußt hervorgebrachte Elementarweſen.	3. Künſtliche Menſchen.

Aggregatzuſtand:

	Erſte Klaſſe.			Zweite Klaſſe.			Dritte Klaſ...
	I.	II.	III.	IV.	V.	VI.	VII.

Dieſe ſieben Aggregatzuſtände muß man ſich in die vorſtehende Einteilung ad I, II oder III einfach hineingeſchoben vorſtellen.